日本ダルクローズ音楽教育学会創立 50 周年記念誌

リトミック研究論集

日本ダルクローズ音楽教育学会 編

開 成 出 版

『リトミック研究論集』刊行にあたって

日本ダルクローズ音楽教育学会

会長　山　下　薫　子

　本書は、日本ダルクローズ音楽教育学会の創立 50 周年を記念して上梓された研究論集です。

　本会の母体は、国立音楽大学教育音楽学科 II 類（通称「リトミック科」）の同窓会であり、1973（昭和 48）年 6 月、一般に門戸を広げる形で「ダルクローズ音楽教育研究会」が設立されました。そして 1999（平成 11）年 6 月、現在の学会組織となり、学会誌は、2023（令和 5）年度末現在、通巻 48 号を数えています。

　他方、周年事業の一環として刊行された論集は、本書で 4 冊目となります。1 冊目は創立 30 周年の『リトミック研究の現在』（2003）であり、学会になった 4 年後に刊行されました。そして、35 周年の『リトミック実践の現在』（2008）、40 周年の『リトミック教育研究』（2015）が刊行された後、約 10 年の歳月を経て本書が誕生しました。本会のような小規模の学会が、発足から半世紀、学会となって約四半世紀の間に 4 冊もの論集を刊行できたのは、ひとえに会員諸氏の研究に対するたゆまぬ努力の賜物であると考えています。

　本会の設立趣旨に照らして、ジャック＝ダルクローズ（Emile Jaques-Dalcroze, 1865-1950）とその指導法であるリトミックが論考の中心になるのは当然ですが、会員諸氏の関心はこれに留まりません。ジャック＝ダルクローズは当初、目の前の学生のために、懸命に指導法を編み出したわけですが、それを体系化、理論化するためには近接領域の研究成果から積極的に学ぼうとし、また同時代の改革者たちと関わりながら、その要請に応えようとしました。さらに、身体の動きが知覚の原点にあるという彼の考え方は、近年の認識論に通ずるものがあり、日本の学校教育や音楽療法などの場にも、その理念や原理が広く浸透しています。

　本書には、こうした様々な角度から、彼の教育理念や実践の本質、思想的背景、そして現代社会や近未来に果たすその教育的役割などに鋭く切り込んだ 11 編の論考が掲載されています。これらが、現代的諸課題の解決の糸口や問題提起になると同時に、リトミック研究の 10 年後、50 年後を切り拓く新たな一歩となることを願ってやみません。

　最後になりましたが、本書の編集、刊行にご尽力くださった開成出版の早川偉久様、編集委員長、関口博子氏および編集委員の諸氏、その他お世話になりましたすべての皆様に衷心より御礼申し上げます。

日本ダルクローズ音楽教育学会創立 50 周年記念誌
『リトミック研究論集』刊行に寄せて

日本ダルクローズ音楽教育学会
副会長 福 嶋 省 吾

　2023 年度は、本学会の前身である研究会設立から 50 年目に当たり、その記念事業の一つとして 11 月 12 日国立音楽大学を会場にして第 23 回研究大会（創立 50 周年記念大会兼）の開催でした。そして二つには、日本ダルクローズ音楽教育学会創立 50 周年記念誌『リトミック研究論集』の刊行であります。

　本学会編著としてこのような『創立記念論集』の発刊は、5 年ごとに刊行すべく計画され、すでに創立 30 周年記念論文集『リトミック研究の現在』2003 年 11 月 23 日開成出版株式会社刊、次いで創立 35 周年記念論文集『リトミック実践の現在』2008 年 11 月 23 日開成出版株式会社刊、そして創立 40 周年記念論集『リトミック教育研究—理論と実践の調和を目指して—』2015 年 3 月 31 日開成出版株式会社より刊行されました。創立 45 周年記念論集は諸般の状況により刊行することができませんでしたが、この程、日本ダルクローズ音楽教育学会創立 50 周年記念誌『リトミック研究論集』を刊行する運びとなり、わが国の音楽教育界にとって何らかの影響を与えるものと確信いたします。

　ところで、「学会誌」は、会員を対象として編集され公開されているのに対し、学会編著の「記念論文集」または「記念論集」は、出版社より刊行されることにより、さまざまな読者を対象として公開されることになります。したがいまして、この出版事業は学会にとっても極めて重要な意味があるのではないかと思われます。

　本書は、既刊の刊行物と共にその内容は学会会員諸氏の研究の成果として『記念論集』にまとめられており、わが国における J= ダルクローズのリトミック教育研究に少なからず示唆を与えてくれる内容として、寄与することができるのではないかと思われます。

目　次

執筆者一覧（五十音順）　　　　　2024 年 3 月 31 日現在

入江 眞理（いりえ まり）　　静岡産業大学

神林 哲平（かんばやし てっぺい）　　早稲田大学系属早稲田実業学校初等部

神原 雅之（かんばら まさゆき）　　京都女子大学

古閑 真実（こが まみ）　　小田原短期大学、明星大学通信制大学院博士後期課程

佐藤 邦子（さとう くにこ）　　東京家政大学

鈴木 顕子（すずき あきこ）　　尚美学園大学

関口 博子（せきぐち ひろこ）　　京都女子大学

髙倉 弘光（たかくら ひろみつ）　　筑波大学附属小学校

福嶋 省吾（ふくしま しょうご）　　幼児音楽教育・リトミック研究室

細川 匡美（ほそかわ まさみ）　　小田原短期大学

山下 薫子（やました かおるこ）　　東京藝術大学

若林 一惠（わかばやし かづえ）　　岩手県立大学

『音楽と私たち』(1945)「第3部 思考と自明の理」に おけるJ=ダルクローズの思想
——KJ法による検討を中心に——

入 江 眞 理

Jacques-Dalcroze's Thoughts in *"La Musique et Nous"* (1945) Part Ⅲ Pensées et vérités à La Palice: Focusing on KJ Method Study

Mari IRIE

1. はじめに

1.1 研究の目的と背景

　エミール・ジャック=ダルクローズ (Jaques-Dalcroze, Emile 1865-1950、以下、J=ダルクローズと表記) は、スイスの音楽教育家・作曲家である。彼の創案したリトミック教育は、「音楽と身体の動きを協応させる独自のシステムを徐々に発展させていった」[1] と見なされている。J=ダルクローズは、「... 自分の発明を説明し、証明するために話し、書くことを余儀なくされる ... 理解されることを望むなら、他に方法があるだろうか？」[2] と述べ、作曲家として楽譜を残すのみならず叙述にも注力し、正しい理解とそれらに基づく実践を望んでいたことがわかる。 J=ダルクローズが残した論文、及び著作のうち、『音楽と私たち』は主要3著作のうちの一つであり、総括の書と位置付けられている[3]。とりわけ、第3部「思考と自明の理」(Pensées et vérités à La Palice) は、ダルクローズ晩年の「思想の根本」と「人生哲学」が記されたものであり、「白鳥の歌」[4] と見なされている。しかしながら、第3部は断片的であるがゆえに、批判とアイロニーが目を引き、それぞれの言説は矛盾しているようにも見える。そこで本研究では、J=ダルクローズが「白鳥の歌」として最後に何を伝えようとしたのか、KJ法を用いて第3部の本質部分を検討していく。これまでの研究では、リトミック教育の理念を考察するために第3部の一部を引用するにとどまり、[5] 全テクストを研究の対象としたものは管見の限り見当たらない。本研究によって、J=ダルクローズの長きにわたる実践と研究、そして人生におけるさまざまな出来事を経てたどり着いた晩年の思想が明らかになるものと考えている。

1.2 研究方法

　『音楽と私たち』における第3部「思考と自明の理」の位置づけを検討したうえで、KJ法によってJ=ダルクローズの晩年の思想を明らかにする。「複雑な内容の名著を理解するとき」[6] に有効

1

とされ、「データから新しい意味体系を作り出す」ことができる[7]、等の理由から、アイロニーを含む思考の断片から思想を考察する本研究にはＫＪ法が適していると考えた。

2.　第3部「思考と自明の理」について

第3部のタイトル "Pensées et vérités à La Palice" を直訳すれば、「パリス将軍の思考と真実」である。Ｊ＝ダルクローズがパリス将軍[8]に着目したことは明らかであろうが、人物の名前であった La Palice が lapalissade として「自明の理」、つまり、「当たり前」の意味に解釈されるようになった由来がある。[9] 本稿では、Ｊ＝ダルクローズが「当たり前のことを述べる」という意味を含めたであろうことを重視し、「思考と自明の理」と訳した。

総括の書とされる『音楽と私たち』の構成は次のとおりである。第1部「音楽と私たち」では、音楽が人々に及ぼす影響について、たとえば、コントラストの効果や身振り、気質について語られている。第2部「リズムと私たち」では、芸術、とりわけ音楽による教育とリズムの働きかけの仕組みについて語られている。第3部は、Ｊ＝ダルクローズの種々の思考が断片的に 156 示されている。その内容は、第1部、及び第2部と重複しているものも少なくない。つまり、第1部と第2部で語り切れなかった内容や強調したい考えを主観的で自由なエセー[10]風の形式を用いて記したと考えられる。これは、主要3著作の中で引用の多いモンテーニュ（Montaigne, Michel, 1533 -1592）の『エセー』や、アミエル（Amiel, Henri-Frédéric, 1846-1881）[11]の『アミエルの日記』などから、思考を伝える手段として示唆を得たことがうかがわれる。また、Ｊ＝ダルクローズの著作においては文学者への言及や文学作品からの引用が多いことも大きな特徴であり、[12] 彼が多くの文学作品に触れ、音楽だけでなく言葉による表現にも強い関心があったことがわかる。

3.　ＫＪ法

3.1　ＫＪ法とは

ＫＪ法は、川喜田二郎 (1920-2009) による「人間の主観と手作業によってデータを分類」[13]し、「テクストから構造 (仮説) を抽出」[14]する方法である。川喜田は、「複雑多様なデータを、『データをして語らしめつつ、いかにして啓発的にまとめたらよいか』という課題から始まっている」[15]と述べ、「混沌の中から秩序を作り出す体系」[16]、と位置づけている。

3.2　ＫＪ法の手続き

本研究におけるＫＪ法の手続きは、表1のとおりである。

ＫＪ法は、ラベル作り、グループ編成、図解化、叙述化、という手順に従って進められる。はじめに、データを意味のあるまとまりのエッセンス[17]を一つのラベルとして作成する（1〜156)[18]。次に、このラベルの本質的な意味を読みとり、直観的に類似するととらえたラベルでグループを作り、一つ一つの「内容を含みつつ、圧縮化して表現」[19]できる「表札」を付していく（a〜y）。作成した「表札」をもとに、同様の手続きを繰り返し、最終的に3つのグループ（表札）となるまで繰り返す（あ〜か→Ⅰ〜Ⅲ→A、B、C）。続いて、「どういうふうに並べたら、論理的にもっ

表１　グループ編成の手続きとデータ・表札の表記

	手順	手続き	表札（番号・記号）
ラベル作り	①【元ラベル】	データ（＊で区切られた言説）の元ラベル作成	1～156
グループ編成	②、③	①に付した元ラベルによるグループ化	a～y
	④	表札（a～y）に基づくグループ化	あ～か
	⑤	表札（あ～か）に基づくグループ化	Ⅰ、Ⅱ、Ⅲ
	⑥【統合】	表札（Ⅰ～Ⅲ）に基づくグループ化	A、B、C

とも納得がゆくかについて考え」[20)]、それぞれを空間的に配置し、記号を用いて最上位の３つの表札の意味関係を示し、全体構造を把握する（図解化）。図解によって明らかになったことをふまえて考察（叙述化）する。

4．統合

　統合とは、最上位の３要素に「加工された情報群を構築する過程と結果」[21)]である。第３部「思考と自明の理」のテクストから統合された最上位の３要素は、「A．リズムが変化と相反性を肯定する」、「B．音楽が心と体を動かし、コントロールは芸術を高める」、「C．不信・戸惑いがあるが理解されることと未来への希望がある」となった。３つに統合されたそれぞれの過程を詳述していく。

4.1 「A．リズムが変化と相反性を肯定する」の構成

　「A．変化と相反性を肯定する」は、図１のとおり「Ⅲ．自己の内にある、また外にあるさまざまな変化を受容し、対応することが進歩であり、発展をもたらす」と「あ．リトミックは、相反する要素を結びつけるリズムを確立し、心と体のバランスを図る教育である」で構成された。

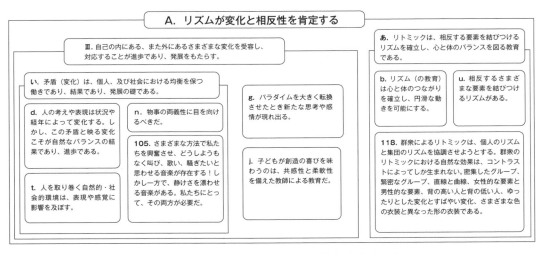

図１　「A．リズムが変化と相反性を肯定する」

4.1.1 「Ⅲ. 自己の内にある、また外にあるさまざまな変化を受容し、対応することが進歩であり、発展をもたらす」に至る過程

Ⅲの下位には、「い. 矛盾（変化）は個人及び社会における均衡を保つ働きであり、結果であり、発展の礎である」、「g. パラダイムを大きく転換させたとき、新たな思考や感情が現れ出る」、「j. 子どもが創造の喜びを味わうのは、共感性と柔軟性を備えた教師による教育だ」、があった。

まず、「い」の下位は、「d. 人の考えや表現は状況や経年によって変化する。しかし、この矛盾と映る変化こそが自然なバランスの結果であり、進歩である」、「t. 人を取り巻く自然的・社会的環境は、表現や感覚に影響を及ぼす」、「n. 物事の両義性に目を向けるべきだ」、の表札に加え、元ラベル「105. ... 私たちを興奮させ、どうしようもなく叫び、歌い、騒ぎたいと思わせる音楽が存在する ... 一方で、静けさを漂わせる音楽がある ... その両方が必要だ」[22]があった。その下位には、「146. ... 環境によって人格が変化する ...」、「95. ... 気質は、時間や時代、状況によって変化する ...」、「123. ... 人を笑わせ、楽しませるような場面、身振り、そのような仮面が、別の人を怖がらせ、泣かせてしまう」、「147.... 精神状態と表現方法はさまざまで ... 気候、気質、姿勢、生活様式によって決定づけられている ...」[23]などがあり、Ｊ＝ダルクローズは、環境によって人の感覚や表現は異なり変化するものだ、ということをさまざまな言葉で述べていた。

また、「25.... 考えに固執することは、他者のアイディアを理解することを妨げる」、「92.... 時間の奇跡によって、その作品が感動的で力強いということに気づかされる」[24]と、人が考えや印象を変えることを肯定し、それを必要なことだと述べていた。さらに、「40. 許すことは自分が慰められる ... しかし ... 弱さの証ではないだろうか」、「82. 人は老いれば身体が衰弱する。しかし ... 生命力あふれる精神の表現が解き放たれる ...」[25]、などがあり、一つの出来事や物事には両義性があるという考えが示されていた。

次の「g. パラダイムを大きく転換させたとき、新たな思考や感情が現れ出る」の元ラベルには、「16. 考えを探し求めているときに、別の考えの発見につながる ...」、「23. ... 精神のバランスを取り戻すためには、全く異なる性質の別の考えを徹底的に追い求めるしかない」[26]などがあった。Ｊ＝ダルクローズは、「変えること」の中でも、思考や行動を180度転回させるような変化が全く新しい地平をもたらすと考えていたことがわかった。

「j. 子どもが創造の喜びを味わうのは、共感性と柔軟性を備えた教師による教育だ」、の元ラベルには、たとえば、「6. ... 子どもを理解し、そして理解していることを伝えることによって子どもは慰められる」、「27. 生徒が時計を見つめていることに気づいた教師は、すぐに教え方を修正すべき ...」、「99. 教育者は、... 生徒たちに引き起こす興味と、それによって、彼自身が喚起された関心を与える能力が必要である」、「124.... 教育者は、子どもが ... 自分のやり方で変えられるようになったその瞬間を見極められなければならない ... 変容は創造の行為であり ...」[27]があった。Ｊ＝ダルクローズは、教育者が子どもに共感できること、時宜を定めて柔軟に指導の姿勢や方法を変えることができること、さらに、教育者と子どもが相互に影響を与え合うような関係性において、子どもの創造性が育まれ、喜びを感じる、と考えていたことがわかる。

4.1.2 「あ．リトミックは、相反する要素を結びつけるリズムを確立し、心と体のバランスを図る教育である」に至る過程

「あ」の下位には、「b. リズム（の教育）は心と体のつながりを確立し、円滑な動きを可能にする」、「u. 相反するさまざまな要素を結びつけるリズムがある」、「118. 群衆によるリトミックは、個人のリズムと集団のリズムを協調させようとする。群衆のリトミックにおける自然な効果は、コントラストによってしか生まれない ...」[28]があった。

「b」の元ラベルには、たとえば、「38. ... その教育は ... 物質と精神の間の密接なコミュニケーションを確立する ... 意志と力のバランスを確保する ...」、「59. リズミカルであること ... それは、滑らかに、そして何の苦労もなく、ある動作から次の動作へ、ある考えから次の考えへと ... それができるということである」、「61. ... 身体的教育の目的の一つは、こうした連帯を呼び覚ますこと ... それを苦労なく柔軟にすること ...」[29]などがあった。J＝ダルクローズは、心と体の結びつきを確立し、混乱を招くことなく柔軟に動くことを可能にするリズムの存在とそのリズムによる教育を考えていたことがわかる。

また、「u」の元ラベルには、たとえば、「39. リズムは、バランスを崩さないための抵抗と二つの相反する力の間の妥協を避けようとする努力とのたたかいの産物 ...」、「72. ... 私たちの存在と相対する部分に、精神のエネルギーによる、本能と感情（sentiment）を結びつける普遍的なリズムがあることが重要 ...」、「101. ... 体そのものとその内部には対照的なもの、相反するもののなんと多いことか！... 教育は、相反する力にバランスをもたらすことができる」[30]、があった。J＝ダルクローズは、精神と肉体、その他さまざまなところに相反する要素があり、それらを結びつけるのがリズム、と考える一方で、相反するものをコントラストと捉え、その対照の効果に価値を見出していることが読み取れた。

4.1.3 「A．リズムが変化と相反性を肯定する」まとめ

J＝ダルクローズは、人それぞれの感覚や印象には大きく違いがあり変化すること、その変化や異同の要因の一つに時間や人を取り巻く自然や社会がある、と考えていたことがわかった。そして、矛盾と映るそれらを肯定していることが示唆された。また、人の心と体のさまざまなところに相反する要素が存在し、それらはリズムによって結びつくと同時に、相反するものの要素が際立つ対照の効果にも言及していた。このような過程から「A. リズムが変化と相反性を肯定する」に統合した。

4.2 「B．音楽が心と体を動かし、コントロールは芸術を高める」の構成

「B. 音楽が心と体を動かし、コントロールは芸術を高める」は、図2のとおり、「Ⅱ. 芸術は感受性を目覚めさせ、心と体のリズムを震わせて精神に喜びをもたらす」、「か. 実現（表現）には、情動の生起、知的に計画する力、そして行使する（できる）体、それらをコントロールする理性が必要である」、「i. 本能と理性は相互補完的に働く」、で構成された。

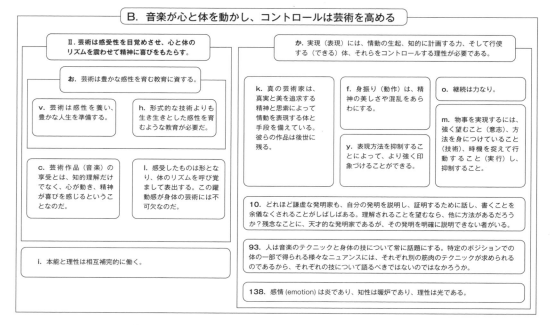

B. 音楽が心と体を動かし、コントロールは芸術を高める

Ⅱ. 芸術は感受性を目覚めさせ、心と体の リズムを震わせて精神に喜びをもたらす。

お. 芸術は豊かな感性を育む教育に資する。

v. 芸術は感性を養い、豊かな人生を準備する。

h. 形式的な技術よりも生き生きとした感性を育むような教育が必要だ。

c. 芸術作品（音楽）の享受とは、知的理解だけでなく、心が動き、精神が喜びを感じるということとなのだ。

l. 感受したものは形となり、体のリズムを呼び覚まして表出する。この躍動感が身体の芸術には不可欠なのだ。

i. 本能と理性は相互補完的に働く。

か. 実現（表現）には、情動の生起、知的に計画する力、そして行使する（できる）体、それらをコントロールする理性が必要である。

k. 真の芸術家は、真実と美を追求する精神と思索によって情動を表現する体と手段を備えている。彼らの作品は後世に残る。

f. 身振り（動作）は、精神の美しさや混乱をあらわにする。

y. 表現方法を抑制することによって、より強く印象づけることができる。

o. 継続は力なり。

m. 物事を実現するには、強く望むこと（意志）、方法を身につけていること（技術）、時機を捉えて行動すること（実行）し、抑制すること。

10. どれほど謙虚な発明家も、自分の発明を説明し、証明するために話し、書くことを余儀なくされることがしばしばある。理解されることを望むなら、他に方法があるだろうか？残念なことに、天才的な発明家であるが、その発明を明確に説明できない者がいる。

93. 人は音楽のテクニックと身体の技について常に話題にする。特定のポジションでの体の一部で得られる様々なニュアンスには、それぞれ別の筋肉のテクニックが求められるのであるから、それぞれの技について語るべきではないのではなかろうか。

138. 感情（emotion）は炎であり、知性は暖炉であり、理性は光である。

図 2　「B. 音楽が心と体を動かし、コントロールは芸術を高める」

4.2.1　「Ⅱ. 芸術は感受性を目覚めさせ、心と体のリズムを震わせて精神に喜びをもたらす」に至る過程

　Ⅱの下位には、「お. 芸術は豊かな感性を育む教育に資する」、「c. 芸術作品（音楽）の享受とは、知的理解だけでなく、心が動き、精神が喜びを感じるということなのだ」、「l. 感受したものは形となり、体のリズムを呼び覚まして表出する。この躍動感が身体の芸術には不可欠なのだ」、があった。

　「お」の下位には、「v. 芸術は感性を養い、豊かな人生を準備する」、「h. 形式的な技術よりも生き生きとした感性を育むような教育が必要だ」があった。その元ラベルには、たとえば、「53.... 生徒の感性を伸ばし、人格を形成する ...」、「56. ... ノーマルで規則的な生のために、自然が創ったあまりに余分な生命力を犠牲にする ...」、「132. 芸術についての素養は ...『アナクルーシス』であり、より豊かで完全な人生への準備である」、「149. ... 教育の主要な役割は、表現の様式を提示するだけでなく、感覚と感情（sentiment）を育て、それを他人に伝えること ...」[31]、などがあった。Ｊ＝ダルクローズは、生命力があふれる生き生きとした感性と感情を培う教育が必要であり、その教育に芸術が資すると考えていたことがわかる。

　「c」の元ラベルには、「63. 脳の扉を開くと同時に、心と感性の扉を閉じてはならない」、「150. 音楽を愛するために、それを科学的な観点から理解する必要はない。大切なのは、音楽があなたの心を動かし、音楽によってあなたのうちに呼び覚ますことができた感情（emotion）を感じようとすること ... 音楽を感じる（直感する）ことと同時に音楽を理解する ... それを望み、率直にありのままで音楽に出会うことができれば、可能かもしれない。」[32]があり、Ｊ＝ダルクローズは音楽を直感することができれば心が動かされ、喜びとともに音楽理解がもたらされると考えていたことがわかる。

「1」の元ラベルには、「139. … 音楽は … 元気づけてくれる … かつて私たちは大聖堂で踊っていた …」、「108. 舞踊音楽の作曲家は、身体に委ねたリズムが彼自身が自分の中で鳴り響くことを感じ取らなくてはならない。多くの様々な感覚が蓄積され、徐々に形作られて、その感覚を生き生きしたイメージの生み出すものに変換できるように …」[33]、などがあった。J＝ダルクローズは、躍動する音楽が体のリズムに働きかけていることを感じ取り、それを表現に結びつけることを重視していたことがわかる。

4.2.2 「か. 実現（表現）には、情動の生起、知的に計画する力、そして行使する（できる）体、それらをコントロールする理性が必要である」に至る過程

「か」の下位には、「f. 身振り（動作）は、精神の美しさや混乱をあらわにする」、「k. 真の芸術家は、真実と美を追求する精神と思索によって情動を表現する体と手段を備えている。彼らの作品は後世に残る」、「m. 物事を実現するには、強く望むこと（意志）、方法を身につけていること（技術）、時機を捉えて行動すること（実行）し、抑制すること」、「o. 継続は力なり」、「y. 表現方法を抑制することによって、より強く印象づけることができる」、「10. どれほど謙虚な発明家も、自分の発明を説明し、証明するために話し、書くことを余儀なくされる … 理解されることを望むなら、他に方法があるだろうか …」、「93. … 特定のポジションでの体の一部で得られる様々なニュアンスには、それぞれ別の筋肉のテクニックが求められるのであるから、それぞれの技について語るべき …」、「138. 感情（emotion）は炎であり、知性は暖炉であり、理性は光である」[34] があった。それらの元ラベルには、「34. 芸術作品は、すぐれた感覚、いきいきとした感情（sentiment）、深く継続的な思索の成果であるとともに知的な表現手段の結果 …」、「113. 人は長い時間をかけて準備し構想しなければ、理想に到達することを考えることができない。… 知的に選択された表現方法の結果である」、「75. 表現する前に感じることが必要である。しかし、自己表現するためには、… 感じるだけでは不十分である」[35]、などがあり、J＝ダルクローズは感受した音楽を表現するためには、継続的な思惟や抑制といった知的な手段が必要であると考えていたことが確かめられた。同様に下位の「73. 行動したいと望むだけでは十分ではなく、行動しなくてはならない。行動するだけでは十分ではなく、より適切な瞬間にそれができることがさらに必要である」[36] という元ラベルには、時機を捉えることの重要性が示されており、「152. 願いを実現するために、強い意志と粘り強い働きで、できることを毎日繰り返すことが必要 … 目的を達成したいという不変の欲求によって、… 奇跡がかなえられる」[37] などからは、J＝ダルクローズが継続すること、継続する意志を重視していたことがわかる。

4.2.3 「i. 本能と理性は相互補完的に働く」に至る過程

「i」の下位には、たとえば、「78. 理性は本能を導く。本能は理性を研ぎ澄ます。その作用は互いを発達させる」、「91. 理性が本能を方向づけ、本能は理性の方向を定める。機能（訓練）と期待は互いに発展させる」[38] があり、本能と理性がそれぞれの働きを強化し合う関係にあることが示されていた。

4.2.4　「B．音楽が心と体を動かし、コントロールは芸術を高める」まとめ

　J＝ダルクローズは、音楽の感受性を目覚めさせる機能が心と体のリズムを震わせ、音楽を直感すること、適切な時機に抑制や知的な手段をとることによってその表現は高まり、音楽芸術は人の精神にまで作用する力となる、と考えていたことが示唆された。以上の経緯から「B．音楽が心と体を動かし、コントロールは芸術を高める」の統合に至った。

4.3　「C．不信・戸惑いがあるが理解されることと未来への希望がある」の構成

　「C．不信・戸惑いがあるが理解されることと未来への希望がある」は、図3のとおり、「Ⅰ．省察による対象理解は正しい判断と言動を導く」、「え．有意義・有益な行動（未来）は、記憶（過去）から学び、自分（今）を知ることによって生まれる」、で構成された。

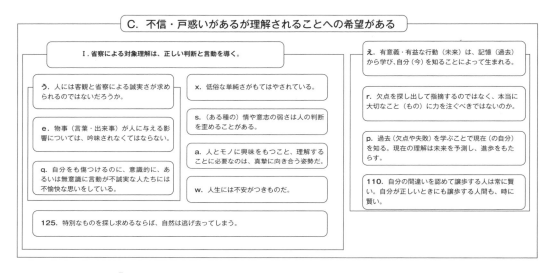

図3　「C．不信・戸惑いがあるが理解されることと未来への希望がある」

4.3.1　「Ⅰ．省察による対象理解は正しい判断と言動を導く」に至る過程

　Ⅰの下位には、「う．人には客観と省察による誠実さが求められるのではないだろうか」、「a. 人とモノに興味をもつこと、理解することに必要なのは、真摯に向き合う姿勢だ」、「x. 低俗な単純さがもてはやされている」、「s.（ある種の）情や意志の弱さは人の判断を歪めることがある」、「w. 人生には不安がつきものだ」、「125. 特別なものを探し求めるならば、自然は逃げ去ってしまう」[39] があった。

　「う」の下位には、「e. 物事（言葉・出来事）が人に与える影響については、吟味されなくてはならない」、「q. 自分をも傷つけるのに、意識的に、あるいは無意識に言動が不誠実な人たちには不愉快な思いをしている」、があった。それらを構成している元ラベルは、たとえば、「148. すべての真実を語ること、それは真実を歪めるより何倍も有害 ...」、「9. 怒るためのあらゆる機会を熱心に探し求める人間が多く存在する ... 過去、現在、未来を次々に罵倒し、自分の論拠の不足と性格の弱さを正当化する ...」、「114. 悪意をもつ人のなかには、時にその悪意を恥ずかしく思い、隠

そうとする者がいる。一方、悪意に自信をもっている人は、それを誇張する。それに苦しんでいる人は少なくない ...」[40]、などがあり、J = ダルクローズは、不誠実な振る舞いをする人々に対する不信や戸惑いを激しい言葉で吐露していた。

　次に、「a. 人とモノに興味をもつこと、理解することに必要なのは、真摯に向き合う姿勢だ」、「s.（ある種の）情や意志の弱さは人の判断を歪めることがある」、「w. 人生には不安がつきものだ」、「x. 低俗な単純さがもてはやされている」、の元ラベルには次のようなものがあった。「22. 多くの新聞記事には興味を持てない ... それは私たちがその記事を最後まで読んでいないからだ」、「137. ... 大切なことは、彼らの基本的な見解を深く知り、それを分析することであり ...」、「24. 人生を慎重に導いていくためには、敵意や友情にとらわれてはいけない。憎むこと、愛すること、判断することは全く別のもの ...」、「19. 喜びは常に短く、気がかりなことは際限なく続く ...」、「120. 大きな出来事にしか関心を払わず、小さなことに無頓着である日が来ない限り、人は決して、完全に健全で、安定し、理性的であることはない」[41]、などがあった。ここでは、J = ダルクローズが人生にまつわる自身の心の揺らぎを客観視し、分析を試みる様子が見て取れる。

4.3.2 「え. 有意義・有益な行動（未来）は、記憶（過去）から学び、自分（今）を知ることによって生まれる」に至る過程

　「え」の下位には、「r. 欠点を探し出して指摘するのではなく、本当に大切なこと（もの）に力を注ぐべきではないのか」、「p. 過去（欠点や失敗）を学ぶことで現在（の自分）を知る。現在の理解は未来を予測し、進歩をもたらす」、「110. 自分の間違いを認めて譲歩する人は常に賢い。自分が正しいときにも譲歩する人間も、時に賢い」[42]があった。

　これらの元ラベルには、たとえば、「90. この悲しい時代に ... 自分の全精力を使って争いの原因を探し、それを暴き、それを行った者を告発・非難している ...」、「18. 人が自分を知り、認識することは、自分が何になることができるのかその可能性を解明すること ...」、「45. 記憶は対比する精神を呼び覚まし、明日への扉を開く。そのことによって、過去を吟味し、現在を理解し、未来を予感することができる」[43]、などがあった。J = ダルクローズは人びとに自己への省察と過去から学び現在を知ることを求め、それらは進歩をもたらし、未来を創ると考えていたことが示唆された。

4.3.3 「C. 不信・戸惑いがあるが理解されることと未来への希望がある」まとめ

　J = ダルクローズは社会や人びとを仔細に観察・分析していた。そして、不信感や戸惑いを感じながらも、互いの理解のためには過去や社会を客観的に見る姿勢、内省に支えられた行動をとることが必要であり、それが進歩をもたらし未来を創ると考えていたことがわかった。このような過程によって「C. 不信・戸惑いがあるが理解されることと未来への希望がある」の統合に至った。

5. J＝ダルクローズの思想

5.1　図解化・叙述化による考察

　前項までのＫＪ法の過程により、第３部におけるＪ＝ダルクローズの思想は、「A.　リズムが変化と相反性を肯定する」、「B.　音楽が心と体を動かし、コントロールは芸術を高める」、「C.　不信・戸惑いがあるが理解されることと未来への希望がある」の３つに統合された。これらは次のような関係性をもつ（図４）。

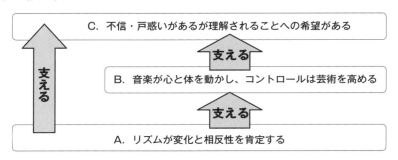

図 4　図解化

　図４のとおり、「A.　リズムが変化と相反性を肯定する」を基盤として、「B.　音楽が心と体を動かし、コントロールは芸術を高める」と「C.　不信・戸惑いがあるが理解されることと未来への希望がある」を支える関係にあった。「B.　音楽が心と体を動かし、コントロールは芸術を高める」もまた、「C.　不信・戸惑いがあるが理解されることと未来への希望がある」を支えていた。

　「B.　音楽が心と体を動かし、コントロールは芸術を高める」は、音楽の機能が心と体のリズムを震わせて音楽を直知し、抑制や知的な手段によってその表現は高まり、音楽芸術が人の精神にまで作用する力となる、との考えである。音楽の躍動感が人の心と体に「動き」という<u>変化</u>をもたらし、<u>相反関係</u>にみえる本能と理性、生動と抑制などの働きかけによって芸術が高まる、と考えた基盤には、変化と相反性を肯定する考えがある。さまざまな変化を受容して対応するリズムの存在によって、多様な、あるいは相反する要素が結び付き、心と体のバランスを図ることができる、と確信していたことが明らかになった。

　また、「B. 音楽が心と体を動かし、コントロールは芸術を高める」という考えによって、「C. 不信・戸惑いがあるが理解されることと未来への希望がある」が支えられる。Ｂには、芸術が「生き生きとした感性と感情を培う教育」としての側面があり、その芸術による教育、リトミックが情動を生起して知的に計画する力と行使する（できる）体を作り、それらをコントロールする理性を育むことができる、という考えが含まれている。リトミック教育がアナクルーシスとして、より豊かで完全な人生への準備となり、感覚と感情を育て、それを他人に伝えたいという気持ちを育むことができれば、社会は進歩し発展するであろう、とＣの未来に期待する考えをＢが支えていることがわかる。

　さらに、「C.　不信・戸惑いがあるが理解されることと未来への希望がある」は、互いの理解のためには過去や社会を客観的に見る姿勢、内省に支えられた行動をとることが必要であり、それ

が進歩をもたらし未来を創る、との考えである。J＝ダルクローズは理解されないことに苦しみながらも人々を観察し、彼らの表現や言動に至る要因を分析した。その結果、「省察」によって人は<u>変化</u>することができると考え、自己変容の必要性と可能性を認識するに至っている。過去の考えに固執せず、矛盾を恐れずに<u>変わる</u>こと、また、人と社会におけるさまざまな<u>相反</u>的な様相、それらを包括的に肯定した。「環境によって人の感覚や表現は異なり変化するものだ」、という A が内包する考えを基に、変化と相反性を肯定し、リトミックによる教育がなされる環境をつくれば、人の考えや印象を変えることができ、人と社会に全く新しい地平をもたらす、と考えていたことが明らかになった。

5.2 まとめ

『音楽と私たち』の第3部は、J＝ダルクローズの批判、アイロニーが際立ち、矛盾とも見える思考の断片が脈絡なく並び、これまでそのテクストから彼の晩年の思想が検討されることはなかった。しかし、「リズムが変化と相反性を肯定する」という認識を基盤に、「痛烈なアイロニーと厳しい批判」[44] の中にも、リトミック教育の根幹であるリズムが、音楽芸術にとどまらず、人と社会の様相にも働きかけて変化を促す可能性を信じていたことがわかった。J＝ダルクローズは晩年になってもなお、人と社会に対する信頼感と期待、未来に対する希望を失っていないことが確かめられた。これは、J＝ダルクローズがリトミックを創り上げ、長年にわたり研究と実践を続けた力の源泉だったのではないだろうか。

6. おわりに

本研究によってJ＝ダルクローズの思想をKJ法を用いて考察し、晩年の思想を明らかにすることができた。一方で、彼がリトミックを構築した時代の教育、心理学等の背景を検討するまでには至らなかった。今後はそれらとの関わりや影響も検討し、J＝ダルクローズの思想をより深く考察したいと考えている。川喜田はKJ法を用いる際、「『感じる』ということがたいせつ…」[45]、また、「手足を動かして考えよ」[46] と述べていた。図らずも、J＝ダルクローズが知的に理解するよりまずは「感じること」、そして身体のリズム運動による教育を重視した姿勢と重なっていた。

後注

1)　『ニューグローヴ世界音楽大事典』講談社 1994 p.93
2)　Jaques-Dalcroze, Emile *La Musique et Nous Notes sur notre double vie*, Editions Slatkine, Genéve 1981（1945）, p.243（参照邦訳：J＝ダルクローズ 河口道朗（訳）『音楽と人間』開成出版、2011）
3)　J＝ダルクローズ、河口道朗（訳）『音楽と人間』開成出版 2011 p.185
4)　同上書、p.186
5)　たとえば、Daniel I. Rubinoff, 2011, *Emile, Jaques-Dalcroze's Influence on Frank Martin: 1924-1937* YORK UNIVERSITY, Marja-Leena Juntunen, 2002, *Practical Applications of Dalcroze Eurhythmics*, Nordic Research in Music Education Yearbook Vol. 6, など。
6)　川喜田二郎『発想法－創造性開発のために─（改版）』中央公論社 2018（1967）p.158
7)　サトウタツヤ, 春日秀朗, 神崎真実編『質的研究マッピング 特徴をつかみ、活用するために』新曜社 2019 p.57
8)　Jacques II de Chabannes de La Palice (1470-1525)であり、「三人の王に仕え、当時のイタリアとフランスとの戦

いに参加した軍人かつ貴族」(V. ボレリ, J. リュリエール、庵原・庵原 (訳)2019 p.18)

9)　戦死した者の栄誉を讃え歌われた歌詞が、「彼は死ぬ 15 分前に、生きていただろう」と間違って読まれた。後の 18 世紀に、B.Monnoye による自明な事実のみを並べた歌が基になり《Le Palice en aurait dit autant！》という「明らかな事実」を示す表現になった。(V. ボレリ, J. リュリエール、庵原・庵原 (訳)2019 p.18)

10)　『エセー』の特徴は「多彩で哲学的なテーマ、古今の詩句や逸話の縦横な引用、そして『私』という一人称による主観的で自由な語りである。」(杉山 2014)

11)　J＝ダルクローズの誤表記である (原文「J.F アミエル」)。アミエルはスイスの文学者・哲学者であり、「アミエルの日記」(Fragments d'un journal intime)に引用部分がある (p.203)。日記にはクラパレード(Antoine René-Edouard Claparède 1832-1871)と「感覚の本質について」語り合ったという記述もあり、J＝ダルクローズを取り巻くスイスの先達たちの存在と関係性も大変興味深い。

12)　モニエ(Philippe Monie 1864-1911)、モンテスキュー (Charles de Secondat, baron de La Brède et de Montesquieu 1689-1755)、ディドロ(Denis Diderot 1713-1784)、ラブレー (François Rabelais 1483？-1553) モリエール (Jean-Baptiste Poquelin 1622-1673) など。

13)　無藤隆、やまだようこ、南博文, 麻生武, サトウタツヤ『質的心理学 創造的に活用するコツ』新曜社 2004 p.196

14)　同上書 p.187

15)　川喜田 前掲書 2018 p. i

16)　永野篤『ＫＪ法の視座からアクティブ・ラーニングを考察する』聖和学園短期大学紀要 第 54 号 2017 p.89(※上記の論文において、川喜田とともにＫＪ法の普及に努めた喜美子夫人の見解として紹介している。)

17)　ラベル作りにおいては、「できるだけ柔らかい言葉で... 要点のエッセンスを書きとめる」(川喜田 2018)p.72

18)　本研究ではJ＝ダルクローズが断片的な表現形式を選択した意味を重視し、＊で区切られた言説を一つのラベルとした。

19)　川喜田 前掲書 2018 p.77

20)　同上書 p.84

21)　永野 前掲書 p.93

22)　Jaques-Dalcroze, Emile *La Musique et Nous Notes sur notre double vie*, Editions Slatkine, Genéve 1981, p.267

23)　Jaques-Dalcroze, *Ibid.*, 1981, pp.204-278

24)　Jaques-Dalcroze, *Ibid.*, 1981, pp.246-263

25)　Jaques-Dalcroze, *Ibid.*, 1981, pp.250-261

26)　Jaques-Dalcroze, *Ibid.*, 1981, pp.245-246

27)　Jaques-Dalcroze, *Ibid.*, 1981, pp.242-272

28)　Jaques-Dalcroze, *Ibid.*, 1981, p.270

29)　Jaques-Dalcroze, *Ibid.*, 1981, pp.249-255

30)　Jaques-Dalcroze, *Ibid.*, 1981, pp.250-265

31)　Jaques-Dalcroze, *Ibid.*, 1981, pp.253-279

32)　Jaques-Dalcroze, *Ibid.*, 1981, pp.255-279

33)　Jaques-Dalcroze, *Ibid.*, 1981, pp.268-276

34)　Jaques-Dalcroze, *Ibid.*, 1981, pp.243-276

35)　Jaques-Dalcroze, *Ibid.*, 1981, pp.249-269

36)　Jaques-Dalcroze, *Ibid.*, 1981, p.259

37)　Jaques-Dalcroze, *Ibid.*, 1981, pp.251-280

38)　Jaques-Dalcroze, *Ibid.*, 1981, pp.260-263

39)　Jaques-Dalcroze, *Ibid.*, 1981, p.272

40)　Jaques-Dalcroze, *Ibid.*, 1981, pp.242-279

41)　Jaques-Dalcroze, *Ibid.*, 1981, pp.245-275

42)　Jaques-Dalcroze, *Ibid.*, 1981, p.269

43)　Jaques-Dalcroze, *Ibid.*, 1981, pp.251-263

44)　J＝ダルクローズ 河口道朗 (訳)前掲書 2011 p.186

45)　川喜田 前掲書 2018 p.59

46)　川喜田 前掲書 2015 p.299

J＝ダルクローズにおける 「全存在で聴き入ること」の意味と意義
——アイディの現象学的聴覚論を手がかりに——

神 林 哲 平

The Meaning and Significance of "Listening with the Whole Being" in Jaques-Dalcroze: Referring to Ihde's Phenomenological Listening

Teppei KAMBAYASHI

はじめに

　学校教育における音楽の内容は、「A 表現」と「B 鑑賞」の二大領域、及びその〔共通事項〕から構成されている（文部科学省, 2018a）。鑑賞教育においては音楽を聴くことが中心的な活動と言えるが、そうした音楽聴取については、木間 (2008) が情操教育の視点から日本の音楽教育を論じる中で詳しく考察しており、戦後の音楽教育は「西洋近代の美学の枠組みにおいて芸術として概念規定された音楽を教育するという基本方針のもとに開始された」(p.141) と述べている。この西洋近代の美学の枠組みについて、木間 (2008) はハンスリックの「美的把握としての音楽聴取」、リーマンの「知的理解としての音楽聴取」、メルスマンの「分析的聴取」といった 19-20 世紀の音楽聴論を取り上げながら、そこでの音楽聴取は作品の理解が強調されることを示した。一方で、歴史的な経緯をたどれば、古代ギリシアの音楽においては情意的で感情主義的な美学が求められ、よき聴衆を育成することを目指した音楽受容が重視されていた（同上書）。近年における気分の改善やその時々の状況を楽しむという目的から音楽聴取をする人々が多いという指摘 (Juslin & Sloboda, 2010) からは、情意的という点で現代の日常的な音楽聴取のスタイルとの親和性が認められよう。本研究では、西洋近代の美学の枠組みにおける「把握」「知的」「分析的」といったキーワードの音楽聴取を「認知的に聴くこと」、古代ギリシアにおける「情意」「感情」といったキーワードの音楽聴取を「情意的に聴くこと」と措定する。谷口 (2006) は「音楽が心に響く」ことについて整理したが、「(a) 音響振動による物理的／身体的共鳴によるもの、(b) 音響情報のゲシュタルト的知覚[1]やパターン処理の認知的適合感によるもの、(c) 旋律やリズムとの連合やそれらからの連想によるエピソード記憶や感情の想起によるもの、(d) 旋律やリズムの身体運動的同期によるもの、(e) 楽曲構造や形式の理解によるもの、(f) 楽曲全体に対する思想的共感によるもの」(p.683) は主に「認知的に聴くこと」に、「その個体（人）にとってポジティブな価値を持つ体験を生じさせるこ

13

と、と考えることができる……興奮、感情、感動、共感、理解、一体感、至高感など、様々な言葉で表される複合的な概念」(同上)は主に「情意的に聴くこと」に位置づけられるだろう。現代ではこうした二項対立的な捉え方は相対化され、明確な意識をもって聴かなかったり(「弱い聴取」)、好きなように聴いたりする(「任意の聴取」)といった様相が生じてきたものの、西洋近代美学の枠組みが出発点であった戦後の日本の音楽教育には、文化相対主義的な視点と形式主義的な視点とのねじれが生じていると指摘されている(木間, 2008)。

　木間(2008)による指摘は 1998 年版の学習指導要領までであるが、その次の 2008 年版、そして現行(2018 年版)の学習指導要領ではどのようになっているだろうか。小学校学習指導要領の音楽においては、2008 年版、2018 年版ともに内容は従前と同様「A 表現」「B 鑑賞」〔共通事項〕で構成されている。そのうち、聴くことに重点が置かれている「B 鑑賞」においては、2008 年版では「改善の具体的事項」として、「音楽を特徴付けている要素や音楽の仕組みを聴き取る力を育て、それによって音楽の面白さやよさ、美しさを感じ取ることができるようにする」(文部科学省, 2008, p.4)と記述されている。「音楽を特徴付けている要素や音楽の仕組みを聴き取る力」が認知的に聴く側面、「音楽の面白さやよさ、美しさを感じ取る」のが情意的に聴く側面とするならば、両者の調和が求められていると言える。次の 2018 年版の小学校学習指導要領(文部科学省, 2018a)では、改訂で打ち出された学習内容の 3 つの柱に鑑み、「知識」「技能」「思考力、判断力、表現力等」といった項目に再整理されている(「技能」は「A 表現」のみ)。「B 鑑賞」においては、例えば〔第 1 学年及び第 2 学年〕では「(1) 鑑賞の活動を通して、次の事項を身に付けることができるよう指導する」として、「ア 鑑賞についての知識を得たり生かしたりしながら、曲や演奏の楽しさを見いだし、曲全体を味わって聴くこと」「イ 曲想と音楽の構造との関わりについて気付くこと」の 2 項目が示されている。2 学年ごとの発達段階によって、「ア」においては「楽しさ」が〔第 3 学年及び第 4 学年〕〔第 5 学年及び第 6 学年〕の双方で「よさなど」になり、「イ」においては「曲想と」が〔第 3 学年及び第 4 学年〕〔第 5 学年及び第 6 学年〕の双方で「曲想及びその変化と、」にかわり、「気付くこと」が〔第 5 学年及び第 6 学年〕では「理解すること」へと発展している。どの学年においても「味わって聴く」ことが示されているのは、「音楽の鑑賞が、本来、音楽の全体にわたる美しさを享受することであり、その本質は、全ての学年において変わらないことを示している」(文部科学省, 2018b, p.18)ためである。この「味わって聴く」ことは「音楽によって喚起された自己のイメージや感情を、曲想と音楽の構造との関わりなどと関連させて捉え直し、自分にとっての音楽のよさや面白さなどを見いだし、曲全体を聴き深めていること」(同上書, p.13)とされている。「認知的／情意的」な枠組みで解釈するなら、「自己のイメージや感情」が喚起されるのは情意的に聴く側面、「曲想と音楽の構造」は認知的に聴く側面、そして「曲全体を聴き深めている」のは両者の聴き方がなされた結果と思われる。こうした認知的／情意的に聴くことの調和が目指されていると言えよう。

　一方、国立教育政策研究所教育課程研究センター(2020)による評価の観点において、内容ごとのまとまりとして鑑賞領域で例示されている文言は「音楽を形づくっている要素を聴き取り、それらの働きが生み出すよさや面白さ、美しさを感じ取りながら、聴き取ったことと感じ取ったこととの関わりについて考え、曲や演奏の楽しさ(第 3 学年以降は「よさなど」)を見いだし、曲全体を味わって聴いている」となっている。「味わって聴く」の中に情意的に聴くことが含まれて

はいるものの、文言全体として見れば認知的に聴くことが大きな比重を占めている。「味わって聴く」ことの評価については、徳田（2012）が主観的な部分の難しさに言及しているが、従前の客観的な指標による評価を中心に展開されてきた形式主義的な側面が現在でも影響していると考えられる。

　このように、学校教育の音楽における鑑賞領域の現状はかつてよりも相対化されつつあるが、「認知的に聴くこと」の比重が大きいと思われる。そうした現状において意義を認められるのが、J＝ダルクローズにおける「全存在で聴き入ること」であると考える。J＝ダルクローズ（2003/1912）は、子どもを音楽好きにさせる文脈の中で、「大切なことは、子どもが音楽を心に感じとり、喜び迎え、音楽において心と身体が合一すること——耳でしっかり聴くばかりでなく、自分の全存在で聴き入ることなのである」（p.59）と述べた。「音楽を心に感じとり、喜び迎え」という記述は「情意的に聴くこと」に該当し、「耳でしっかり聴く」という記述は「認知的に聴くこと」に該当すると言えるだろう。そうした意味で、全存在で聴き入ることは「認知的／情意的に聴くこと」を一体的に捉えた音楽聴取の在り方としての可能性を有しており、学校音楽教育における「認知的／情意的に聴くこと」の調和が目指されながらも現状として「認知的に聴くこと」に比重が置かれている実態や、その前提となる学習指導要領の内容自体を問い直す契機になると考える。一方、この「全存在で聴き入る」ことの意味について主題的に論じた先行研究は管見の限り見当たらない。そこで本稿では、この「全存在で聴き入る」ことの意味について掘り下げて検討を進めていく。学校教育の音楽における鑑賞領域の課題を解決する一助になりうるという点に、研究の意義が認められるだろう。

　掘り下げて検討する手がかりとしては、アメリカの哲学者であるアイディ（Ihde, 1934-2024）の言説を用いる。アイディ（2007）[2]における現象学的聴覚論は、その射程の広さから学際的な領域に援用されており、教育学にも取り入れられている。音楽教育ではデュラ（Dura, 2006）による初等・中等教育における音楽教育の提言にアイディ（2007）の現象学的聴覚論が用いられている。聴くことに関する射程の広さから、本稿では検討する手がかりとして妥当だと判断した。

　本稿は、以下の構成で展開する。まず、「全存在で聴き入ること」を検討するための礎石として、J＝ダルクローズにおける聴取論の特質である内的聴取と身体的聴取を取り上げる（第1節）。次に、J＝ダルクローズにおける「全存在で聴き入ること」について、アイディ（2007）の現象学的聴覚論における諸概念を手がかりにその内実を構造化する（第2節）。最後に、ここまで得られた知見が学校教育の音楽における鑑賞領域にどのような意義をもたらすのかについて論じる（第3節）。

1. 内的聴取と身体的聴取

　本節では、「全存在で聴き入ること」を検討するための礎石として、J＝ダルクローズの聴取論における特質である「内的聴取」と「身体的聴取」を取り上げる。J＝ダルクローズ（2003/1912）は、「音楽教育が全面的に基礎をおくべきは、聴くこと（l'audition）、あるいは、少なくとも音楽的現象の知覚」（p.69）というように、音楽教育において聴くことを重要視した。とりわけ、J＝ダルクローズが提唱したリトミックの出発点としては、当時の子どもたちの内的聴取力が育っていな

かったという実態があった。聴くことと身体的なリズム運動を両軸としたリトミックは、演奏技術向上のための教育が盛んに行われた 20 世紀初頭にあって、世界の新教育運動の潮流とともに着目された。チョクシー・エイブラムソン・ガレスピー・ウッズ（Choksy, Abramson, Gillespie & Woods, 1994/1986）は、このリトミックについて、デューイ（Dewey, 1859-1952）やアドラー（Adler, 1902-2001）らによって提唱された子ども中心の経験主義に基づく教育の要求に応えたと評価している。

　J＝ダルクローズ（2003/1907）は、身体と精神という両側面から、音楽家に求められる原動力と資質について、「一方には耳、声、音の意識を、他方には身体全体（骨格、筋肉、神経）と身体のリズムの意識を併せもたねばならない」（p.43）と述べ、子どものうちにそうした力を伸ばすことを強調した。具体的には、音とリズムは耳によって知覚されること、声は身体的な音の再生手段であること、リズムは耳だけではなく身体全体で知覚したり表現したりできること、音の意識とリズムの意識は声や楽器を用いなくても頭の中で旋律や和音、速さとエネルギーといったニュアンスを想像できること、といった記述がなされている（同上書, pp.43-44）。演奏技術の習得に偏向していた当時の教育動向を鑑みるに、耳によって知覚されることに加えて、頭の中での想像（内的聴取）や、リズムを身体全体で知覚すること（身体的聴取）を重視した J＝ダルクローズの聴取論は、画期的であったと思われる。とりわけ、内的聴取と身体的聴取は、前者が声や楽器を用いなくても作曲に役立つという点で、後者が身体と密接に結びつくリズムを耳だけでなく身体全体で聴くという点で、聴取論の特質になっていると言える。

　J＝ダルクローズにおける聴取論の第 1 の特質である内的聴取については、「ピアノの使用を禁じるのは、生徒たちが内的聴取力をすでに身につけている場合に限って正当な理由をもつ」（J＝ダルクローズ, 2003/1898, p.1）といった記述が見られる。初期の著作に取り上げられていることから、自身の関心の高さがうかがえる。その後も、例えば1915 年の記述において、「最も大事なのは、音楽教育が、生徒に、内的聴取力、すなわち実演におけると同じように記憶の中でもはっきりと音楽を聴き取る能力、を呼び覚ますこと」（J＝ダルクローズ, 2003/1915, pp.121-122）を求めたように、内的聴取への関心が継続的であったことが読み取れる。そして、内的聴取を呼び覚ますことは、「経験と記憶、経験と想像、（無意識のうちに）自動的に達成されるものと意識して行われるもの、意識されているものと気質や夢想の指令によるもの、などのあいだの相互関係を円滑にする」（同上書, p.122）ものであるとし、その意義について強調している。

　内的聴取は、リトミックの 3 つの柱である「リズム運動」「ソルフェージュ」「即興演奏」のいずれにおいても取り上げられていることから、J＝ダルクローズの中核的な概念の 1 つであると考えられる。まず、「リズム運動」においては、「7. 集中力の訓練。リズムの内的聴取の創出」という項目で以下のような記述がなされている。

　　　身体的な動きの実践は、脳の中にイメージ（心像）を呼び覚ます。筋肉の感覚が強まるほどに、心像もより明晰かつ的確になり、その結果、拍子とリズムの感性が正常に発達する。……拍子に合わせて一定のリズムで行進できる生徒は、目を閉じれば、同じように拍子に合わせ、リズムにのった行進を続ける自分を思い描くことができる。……筋肉の自動的働きのよく統制された正確さと力強さが、思考の自動的働きの正確さと心像創出能力の発達を保証

してくれるのである。(J＝ダルクローズ, 2003/1914, p.82)

「リズムにのった行進を続ける自分を思い描く」といった記述から、「リズム運動」における内的聴取には、視覚的なイメージも含まれていることが分かる。

次に、「ソルフェージュ」においては、「7. 集中力の訓練。音響の内面的聴取の創出」という項目で以下のような記述がなされている。

　　　子どもはあるメロディーとある音階を歌う。「ハイ」という号令で、歌うのは止めて、心の中でそのメロディーなり音階なりを続ける。ひとつの音の和音の聴取。グループで歌ったりしゃべったりしている中での、あるひとつの声の声音の聞き分けなど。(同上書, pp.89-90)

メロディーや音階、和音の聴取だけでなく、声音、いわゆる声のトーンの聞き分けについても取り上げている。

「即興演奏」においては、「7. 集中力の訓練。内面的聴取」の項目で以下の記述がなされている。

　　　和声進行を弾かせる中で、弾くのを止めた和音を心の中で聴くため、弾奏を止める。——4声のコラールの3声だけを弾いて、第4声部は心の中で随いていく、など。(同上書, p.96)

演奏を止めて内的聴取をする場合と、演奏しながら内的聴取をする場合との双方があることが分かる。このように、3つの柱のどの活動においても、内的聴取を取り入れた具体的な活動例が示されている。

J＝ダルクローズにおける聴取論の第2の特色である身体的聴取は、例えば「音は、耳だけでなく、人間のからだの他の部分でも知覚される」(J＝ダルクローズ, 2003/1919, p.236) というように、耳以外での音の知覚に触れられた記述を指す。「聴感覚は、筋肉感覚——音の振動が浸みわたる結果として生まれる生理的現象——によって補完されねばならない」(J＝ダルクローズ, 2003/1912, p.59) というように、耳による聴取にとどまらず、筋肉感覚による身体的な聴取にまで記述が及んでいる。それに加え、J＝ダルクローズは耳の聞こえない人の事例を示し、聴感覚が筋肉感覚によって補完される必要性にも次のように言及した。

　　　生まれつき耳の聞こえない人でも、さまざまな様式（スタイル）の音楽作品を鑑賞し、弁別する人がいるが、これは一種の触覚、つまり、音楽リズムの性質に応じて強さや速さの異なる体内での共振によってなのである。耳と喉頭とは極めて密接に結びついており、声は聴力に、聴力は声帯にと相互に影響しあっていることは間違いない。(同上書, p.59)

具体的な諸器官同士を関連づけながら記述されたこの内容からは、聴覚が触覚とも相互に作用しあいつつ身体全体で聴くということがうかがえる。系統発生的に、五感のなかで触覚は最初に生じるが、聴くことに関してもその始原性が保たれていると考えられる。

そして、音を聴くと身体的な反応が出る事例について、J＝ダルクローズは次のように述べて

いる。

> 　私は、音を耳にすると咽頭後部に筋肉感覚を感じるという若い人を大勢知っている。声を
> 鍛えることは、結果として聴力の強化をもたらす。無論、それには、生徒に耳で聴く音とそ
> の結果として喉頭部に生じる圧力との関係について正しい認識をもたせることが前提である。
> 　あるメロディーを思い浮かべるだけで、喉の中で、そのメロディーを声に出して歌うのに
> 必要な筋肉の動きが呼び覚まされる。したがって、子どもの耳の発達を促す目的で、その声
> も併せて鍛錬するのは正しいのである。(同上書, pp.59-60)

　外的聴取によっても、内的聴取によっても、身体的な反応が出るということが示されている。
聴くことは一般的に捉えれば耳を通じてなされる行為であるが、耳の聞こえない人の事例も踏ま
え、音を耳で聴くだけではなく身体との関連で考察している点が、身体的聴取の意義だと言える
だろう。
　ここまで見てきたように、J＝ダルクローズにおける聴取論の特質は内的聴取と身体的聴取で
あるが、神林 (2017) は、J＝ダルクローズにおける「きくこと」を現象学的に捉え直し、その特
質として「リズムをきく」「意識によってきく」「身体全体によってきく」の3点を見出した。従来
の物理的／非物理的、もしくは身体的／精神的といった二元論的な捉え方では共役不可能性[3]の
問題が生じるため、「きく経験」を出発点として一元化し、共通の基盤を整備している。一方、「リ
ズムをきく」といった外的聴取と、「意識によってきく」といった内的聴取が同時に生起するよう
な現象については、十分に論じられていない。また、「身体全体によってきく」ことと一般的な耳
で聴くこととが同時に生起するような現象についても言及されていない。そこで、アイディの現
象学的聴覚論を補助線としながら、「外的／内的」な聴取、「耳／身体全体」での聴取が共現前[4]す
るような様相について検討し、それらが「全存在で聴き入ること」の土台となることを示したい。

2. 全存在で聴き入ることの意味～内的／外的に、耳／身体で聴くことの共現前

　前節では、J＝ダルクローズにおける聴取論の特質として、内的聴取と身体的聴取が挙げられ
ることを述べた。本節では、それらの聴取は常に分離しているのではなく共現前する場合がある
ことについて、アイディの現象学的聴覚論を手がかりに論じていきたい。
　J＝ダルクローズ (2003/1898) は「鍛えることがふさわしいのは、子どもの耳と声だけではない。
子どもの身体の中で、リズミカルな動きに際して共働するすべてのもの、筋肉や神経など自然
な刺激が働くと振動し、緊張・弛緩するすべてのものを鍛えねばならないのである」(pp.4-5) と、
耳で聴くことに加え、筋肉や神経といった身体も鍛える必要性を述べている。身体的聴取もまた、
鍛えられるべきものの1つであるが、その身体的聴取と耳による聴取との関連については、アイ
ディ (2007) が生物物理学者のベーケーシ (Békésy, 1899-1972) における身体的聴取の知見によっ
て論を補強しながら、「現象学的には、私は単に自分の耳で聞くのではなく、私は自分の身体全
体で聴く」(p.44) と述べ、中心－周縁構造[5]により耳と身体の関係を捉えている。その例として、
耳の聞こえない人と健常者での比較を挙げ、「耳の聞こえない人は、いわゆる健常な聴き手とは

本質的に異なった仕方で「聞く」。健常な聴き手にとっての、聞くことの周縁的な側面、すなわち耳に焦点化して聞くことの豊かさを増幅する音の身体感覚は、耳の聞こえない人にとっては、「焦点（中心）」そのものになる」(Ibid.) としている。そして、耳の聞こえない人であっても、「少なくともある弱い感覚はあるのであって、目が見えないのとは異なり、全く耳が聞こえないという事例は決してない。聞くことにはグラデーション（段階、等級）があり、〔耳で聞く段階から〕身体全体で聞く感覚へと次第に増大してゆく。耳は、聞くことの焦点化された「器官」かもしれないが、ひとは身体全体で聞くのである」(p.135) と結論づけている。こうした展開は、J＝ダルクローズが耳の聞こえない人について言及したことと軌を一にしている。J＝ダルクローズ (2003/1912) は前述のように「聴感覚は、筋肉感覚——音の振動が浸みわたる結果として生まれる生理的現象——によって補完されねばならない」(p.59) と述べているが、こうしたことは日常的には自明視され意識されることは少ないものの、中心－周縁構造により補完されていることがうかがえる。

　アイディの上記の考えを手がかりにすると、耳で聴くことと身体全体で聴くことが共現前する様相は日常的には意識されることは少ないものの、中心－周縁という構造により共現前していると言える。その証左として、アイディ (2007) における自分自身の声をテープ・レコーダーで聴く事例を取り上げたい。日常的には「私が話すとき、私はまた私自身の声を聞く。私は、私の声から戻って聞こえる音を感じ、それを当たり前とみなす。これはまた、私がどれくらい適切な大きさで声を発しているか、どのくらい適切に発音しているかの感覚を与えてくれる」(p.136) が、テープ・レコーダーによりその気づきに変化がもたらされたとアイディ (2007) は述べ、次のように論じた。

　　私は、他者が私を聞くように、私自身を聞いているわけではなく、逆にまた、他者は、私が私自身を聞くように、私の声を聞いているわけではないということである。私が話すとき、もし話すことの全身的な感覚に私が注意を払うならば、私は、少なくとも上半身全てにわたって自分の声が反響しているのを感じる。響き渡る反響に没頭する中で、私は、私の頭全体が「鳴っている」のを感じる。当然のように思われるこの自己－反響はテープでは現れないし、まず私が驚くのは、録音された私の声の「細さ」と「〔自分が感じるよりも〕いっそう高いトーン」である。(p.136)

　録音された自分自身の声を聴くとき、自身の思っていた声との違いに驚くという経験は、納得できる事例だろう。それゆえに、録音ではなく生の自分の声を聴くという経験は、耳による聴取と身体的聴取が共現前した様相だと言える。そうでなければ、録音と生の声は同様に聴こえるはずである。アイディ (2007) は続けて、「これらの効果は、もちろん、骨格と筋肉組織への自分の声の効果を表示するものとして、物理的に測定されうるというだけにとどまるものではない。私は、空気の音響的属性を通して聞くとともに、骨伝導を通して聞く。自分を－聞くときのこの二つの「媒体」〔＝空気振動と骨伝導〕は、本質的に分離している。一つの本質的な感覚があり、その感覚の中では、私が私自身を聞くことは、他のあらゆる形式における聞くことから区別される」(p.136) と述べた。ここから、耳による聴取と身体的聴取が共現前する自分自身の声の聴取は、他の聴取とは区別されると捉えられる。しかしながら、中心－周縁構造に基づけば、耳による聴

取と身体的聴取は、自分自身の声を聴く場面以外でも共現前すると言える。例えば、大音量のライブ会場で音楽を聴く場合、耳による聴取が中心に位置づけられるが、それと同時に、周縁として低音の身体への響きが感じられるはずである。こうした両者の共現前が自分の声を聴く場面以外にも生じると考えられる。

　次に、内的聴取と身体的聴取の共現前する様相について検討したい。双方の聴取の橋渡しになるような概念として、アイディ（2007）の「内的な踊り（internal dance）」が挙げられる。アイディ（2007）は、音楽が世界に関連づけられ、生き生きとさせるのは個人の身体であるとし、内的な踊りについて次のように述べる。

　　　集中的聴取[6]では、その魅惑は自己現前の十全な範囲に影響を与え、人に踊るよう求める。踊りは、しかしながら単なる文字通りの様式としてではなく、理解されなければならない。というのは、この文脈での踊りは、身体的聴取にまでおよぶ魅惑であるためだ。このようにして、音楽が魅力を発する踊りの十全な範囲は、次のような連続したつながりにおよぶ。すなわち、ダンス・ミュージックや、諸々のロック・フェスティバルや宗教の伝導集会に見られる自然に起こる踊りのように、実際に踊ることから、バロック音楽を静かに聴いている間の、身体的に感じる諸々のリズムと変化という「内側の」踊りまでにおよぶ範囲である。（p.156）

　音楽を聴くと、自然と体が動く。これもまた身体的聴取と捉えられるが、アイディは実際の踊りだけでなく、静かに音楽を聴いている際にも身体的に感じる諸々のリズムと変化があると論じた。そこには、必ずしも身体的な動きが伴わなくとも、内的聴取によって身体的に感じるリズムと変化を把握できるということが含意されている。J＝ダルクローズ（2003/1898）は、「私は今、身体そのものが、音と私たちの思惟の間の媒介者的役割を演じ、私たちの感情をじかに表現する楽器となるような音楽教育を夢に描いている」（p.5）とリトミックを創案する際に述べているが、アイディの論を踏まえるのであれば、身体そのものは媒介者的役割を演じるものの、実際の身体の動きがあるかどうかは必要条件ではないと言える。そうした意味では、ソルフェージュのような身体的な動きを伴わない活動においても、内的な踊りという視点からすると内的聴取と身体的聴取は共現前しうるということが導かれる。そして、リズム運動における「リズムにのった行進を続ける自分を思い描く」といった視覚的イメージもまた、内的な踊りには含まれるだろう。ここでも、内的聴取と身体的聴取の共現前が生じていると考えられる。山下（2019）は、音楽授業における「体の動きの視点」として、「内面化した体の動きの感覚」を示したが、アイディ（2007）の「内的な踊り」は、この視点の原理となるだろう。

　以上の検討をもとに、J＝ダルクローズの「全存在で聴き入ること」について構造化する。前述のようにJ＝ダルクローズ（2003/1912）は「大切なことは、子どもが音楽を心に感じとり、喜び迎え、音楽において心と身体が合一すること——耳でしっかり聴くばかりでなく、自分の全存在で聴き入ることなのである」（p.59）と述べたが、ここでの「心と身体が合一する」という記述は、内的な踊りによって内的聴取と身体的聴取が共現前している様相であると捉えられる。また、「耳でしっかり聴くばかりでなく」というのは、耳による聴取と身体的聴取が共現前している様相と位置づ

けることができるだろう。J＝ダルクローズ（2003/1912）では例えば対位法の学習について、「全身全霊にメロディーが満ち溢れ、自然に生まれでたリズムが完璧な自由さの中で外に表出され、音楽が彼の存在の一部となり、からだ全体が自分を刺激する感覚的印象や情感とひとつになって振動する状態」（p.66）になって初めて学習すべきであるとされている。この状態もまた、「全存在で聴き入ること」に該当すると思われる。「全身全霊にメロディーが満ち溢れ、自然に生まれ出たリズムが完璧な自由さの中で外に表出され」といった記述は、身体的聴取によってメロディーを捉えるとともに、生まれ出たリズムを内的な踊りによって感じ取り、表現へつなげる姿だと言えるだろう。また、「音楽が彼の存在の一部となり」というのは、外的な音楽が耳と身体の聴取の共現前によって存在の一部となっていると解釈できる。そして、「からだ全体が自分を刺激する感覚的印象や情感とひとつになって振動する」というのは、身体的聴取と内的聴取の共現前であると構造化できるだろう。こうした構造が、「全存在で聴き入ること」の土台として位置づけられる。

3. 鑑賞教育における全存在で聴き入ることの意義

　前節では、「全存在で聴き入ること」の土台として身体的聴取と内的聴取、耳による聴取が共現前しているという構造を示した。こうした構造の「全存在で聴き入ること」が、学校教育の音楽における鑑賞領域でどのような意義をもたらすのか、本節で論じていきたい。

　本研究の冒頭で論じたように、現代の学校教育の音楽における鑑賞領域では「認知的に聴くこと」と「情意的に聴くこと」の二様がありつつも、前者にやや偏りがある現状となっている。一方で、J＝ダルクローズの求める「全存在で聴き入ること」は、身体的聴取と内的聴取の共現前が土台となっている。こうした土台があって「事実、音楽的にすぐれた耳をもっていることを保証するには、音を認識したり、区別したりできる能力をもっているというだけでは不充分である。その上に、外の音を聴く感覚が、意識と情感という心の状態を生み出すこと」（J＝ダルクローズ，2003/1912，p.57）が可能になると考えられる。「音を認識したり、区別したりできる能力」というのは「認知的に聴くこと」に該当するが、J＝ダルクローズはそれだけでは不十分であることを指摘している。「意識と情感」の「意識」は「認知的に聴くこと」、「情感」は「情意的に聴くこと」を述べたものであり、その両者が生み出されることにより、豊かな聴取をもたらすと言える[7]。

　「全存在で聴き入ること」は、身体全体への振動を通して音楽に情意的に浸り、そこでのリズムを内的に聴き、さらには認知的に音高や音程、強弱変化、音色といった「音の表現的性質」（J＝ダルクローズ，2003/1912，同上）を把握するという営為である。そうした聴取が理想的だと考えられる一方で、現実場面では困難な側面も想定される。日常的には、認知的に聴くことと情意的に聴くことは、アイディの中心－周縁構造のようにどちらか一方が中心となっているときはどちらかが周縁となり、周縁については意識が向かいにくいためである。例えば、オーケストラを認知的に聴こうとしてある特定の楽器の音高に着目したとすれば、その他の楽器の演奏を情意的に聴くことには困難が伴う。したがって、はじめから認知的に聴取をしようという姿勢では、全存在で聴き入ることへの境地には至らないだろう。一方でアイディ（2007）は音楽に没頭し、浸る様相を「忘我」と位置づけ、次のように述べている。

　　　　時に酒神祭のようなその聴覚的現前において、音楽のただ中へと誘惑された音楽的な身体
　　運動は、自己－現前が一時的に「溶解」する感覚へと至ることがある。そうした出来事にお
　　いて、音楽は、私を「忘我〔の境地〕」へと連れ出すのだ。(p.132)

　この忘我のように、音楽に対する強い快感情を抱いたり音楽聴取で特異な体験をしたりする
ことをガブリエルソン (Gabrielsson, 2011) は「強い（情動的な）音楽体験 (strong experiences with
music)」と呼ぶ。耳からの聴取だけでなく、身体的聴取において生じる忘我の状態は「情意的に
聴くこと」の究極的な形態と思われるが、この状態ではまた「認知的に聴くこと」は困難になるだ
ろう。
　以上の論点を踏まえると、どちらかといえば、音楽にまず情意的に浸るなかで、自然とリズム
やメロディーが認知的に把握されるような様相の方が現実的ではないだろうか。こうした点から、
鑑賞教育においては最初から「○○の音に着目して聴いてみましょう」というのではなく、まず
は音楽を聴いて身体を浸らせるような環境を整えるのが望ましいように思われる。そのなかで「全
存在で聴き入る」姿が現出することを想定しながら鑑賞教育を進めていくことで、豊かな聴取に
導くことができる可能性がある。
　そこで、具体的な実践事例を手がかりに、「全存在で聴き入ること」の解釈を試みたい。鑑賞教
育において、リトミックや身体的な動きを取り入れた活動が着目されているが（五十嵐, 1999; 桑
原, 2010; 森保, 2020）、これまでの議論を踏まえるならば、こうした身体的な動きと全存在で聴
き入ることを関連づけられると思われる。取り上げる実践例は、小学校低学年における鑑賞授業
の実践（髙倉, 2014）である。髙倉 (2014) は鑑賞教材として『ガボット』を扱い、その導入に「忍
者ごっこ」を試みている。これは、二分、四分、八分音符の学習へと発展させるために〈歩く〉〈走
る〉〈ゆっくり歩く〉の 3 つの動きを取り入れたものである。動きながらリズムを感じることは、
身体的聴取と内的聴取が共現前している様相と捉えられる。そして、楽しみながらリズムを聴く
ことは、「情意的に聴くこと」として解釈されよう。次の活動としてリズムパターンの遊びでは、
音符の略譜としての絵譜を見ながら手拍子を行い、慣れてきた終盤に『ガボット』のリズムパター
ンを取り上げる。ここで髙倉 (2014) は「子供は音符を視覚で、リズムパターンを手の動きの感覚で、
旋律を聴覚で捉えることになる」(p.77) と述べているが、視覚的理解を内的聴取と捉え、そこに
手の動きの身体的聴取、耳による旋律の聴取が共現前する活動と位置づけられるだろう。こうし
た活動を経て、『ガボット』の鑑賞に至る。ここで髙倉 (2014) は子どもたちを座らせて、曲中に前
時で学習したリズムパターンが出てきたら音が聞こえないように静かに手拍子をするという指示
を出している。「忍者ごっこ」を含め情意的に聴き、自然と身についたリズムパターンを認知的に
聴く、という状況がここでの聴取には表れている。また、座らせた状態で鑑賞する状態であって
も、「内的な踊り」によって身体的聴取と内的聴取が共現前していると解釈することが可能だろう。
このような姿には、「全存在で聴き入ること」の萌芽が見て取れる。
　このように、鑑賞教育に動きを取り入れることが、「全存在で聴き入ること」へ導くための手立
てとなる可能性が示唆される。

おわりに

　本研究では、鑑賞教育の認知的／情意的に聴くことの偏りという現状に鑑み、J＝ダルクローズの「全存在で聴き入ること」に意義を見出し、その構造化を図った。アイディ（2007）の現象学的聴覚論を手がかりに構造化した図を示す（図1）。「全存在で聴き入ること」の土台には、耳での聴取と身体的聴取、内的聴取の共現前する様相がある。そして、それをもとに認知的に聴くことと情意的に聴くことの調和を目指すという構造が見て取れる。加藤（2019）は、前述の山下（2019）による「内面化した体の動きの感覚」について、これまでの鑑賞活動では十分に捉えてこなかった視点として評価している。アイディ（2007）の「内的な踊り」は、「全存在で聴き入ること」の主要概念というだけでなく、内面化した体の動きの原理論としても有用だと言えるだろう。

　なお、本稿は理論的な考察にとどまる

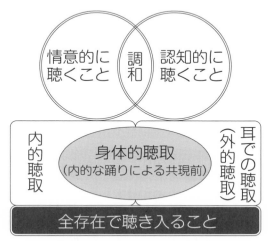

図1　「全存在で聴き入ること」の構造

ため、今後は実践面での検証が課題となる。具体的な実践事例を取り上げてその可能性は論じたが、事例数を増やすことでさらなる検討の余地があるだろう。音楽の授業実践におけるどのような具体的な子どもの姿が「全存在で聴き入ること」と見なすことができるのか、また、そうした姿を生じさせる授業はどのような展開となるのか、さらなる検討を重ねたい。

注

1) 「ゲシュタルト」はドイツ語で「形」や「形態」を意味し、20世紀初頭にゲシュタルト心理学が創始された。その立場によると、人間の知覚は個別的な感覚刺激の統合によって成立するのではなく、個々の感覚を超えた全体的な枠組みによって捉えられるとしている。

2) アイディの著作には邦訳がないため、翻訳は筆者による。原文中の斜体は傍点をつけ、二重引用符はかぎ括弧で表記した。なお、hear は「聞く」、listen は「聴く」で訳出している。

3) 各々の前提となる認識論が相容れない状態のこと。例えば物理的に実在する音を対象とする外的聴取の認識論は客観主義的であり、物理的には非実在である音を対象とする内的聴取の認識論は主観主義的であると言える。そのため、物理的な音の実在性をめぐっては、その前提の異なる両者が相容れることは不可能である。

4) ある視点からの現前のうちに、共に現前するものを指す。例えば、ある家の前面が目の前に現前しているときに、直観的にはその家の後ろに回れば見えるであろう背面が共に現前しているということ。

5) アイディが論じている概念は、後期フッサールにおける経験の「核－地平構造」を図式化したものである。デューイもまた中心－周縁構造を示唆しているが、デューイとフッサールの記述にこうした中心－周縁構造が共通しているのは、ジェイムズの周縁（fringe）理論から着想を得ているためと思われる。両者とも、ジェイムズの名前を直接挙げ、そのことに言及している。

6) 楽曲の各部分を関係づけ、その全体を理解しようとする音楽の聴き方。クラシック音楽を屋内のコンサートホールで聴くような際に、その規範が見られる。

7) もっとも、J＝ダルクローズも当初からこうした調和的な聴取に至っていたわけではない。初期の著作では、「音高を認識し、音程を正しくつかみ、和声の理解を深め、和音を構成するさまざまな音を弁別し、多声音楽の対位法構図についていき、調を区別し、聴覚と発声感覚の相互関係を分析し、聴覚の受容力を伸ばし、さらに——神経組織訓練のための新しい体操を利用して——全身の機能を使って脳、耳、喉の間に内なる耳とでも称すべきものをつくり上げるのに必要な回路を創り出すことを目的とした訓練の創案に没頭した」（J＝ダルクローズ, 2003/1898, p.3）というように、身体的聴取や内的聴取への萌芽は見られるものの、特に前半の認知的な聴取に偏りがあるように思われる。そこからリトミックの創案を経て、「情意的に聴くこと」にも言及していったことが見て取れる。

引用文献

チョクシー, L.・エイブラムソン, R.・ガレスピー, A.・ウッズ, D. (1994/1986). 音楽教育メソードの比較：コダーイ、ダルクローズ、オルフ、C・M (板野和彦, 訳). 全音楽譜出版社.

Dura, M. T. (2006). The phenomenology of the music-listening experience. *Arts Education Policy Review*, 107 (3), 25-32.

Gabrielsson, A. (2011). *Strong Experiences with Music: Music is much more than just music*. Oxford: Oxford University Press.

五十嵐務 (1999). ダルクローズ・リトミックの「高等学校における鑑賞教育」への応用：リズム・演奏・鑑賞. ダルクローズ音楽教育研究, 24, 26-35.

Ihde, D. (2007). *Listening and Voice: Phenomenologies of Sound* (2nd ed.). Albany: State University of New York Press. (1st ed. 1976)

神林哲平 (2017). J＝ダルクローズにおける「きく」ことの諸様相の現象学的探究：アイディ『聴くことと声：音の諸現象学』を手がかりに. ダルクローズ音楽教育研究, 42, 1-13.

加藤富美子 (2019). 鑑賞活動における「身体を通した学び」の指針. 音楽鑑賞教育, 37, 36.

国立教育政策研究所教育課程研究センター (2020). 「指導と評価の一体化」のための学習評価に関する参考資料：小学校音楽. 東洋館出版社.

木間英子 (2008). 日本における音楽教育理論の美学的基盤の研究：情操教育としての音楽教育再考. 一橋大学博士論文.

桑原章寧 (2010). 小学校音楽科鑑賞指導におけるリトミックの可能性：身体表現活動を取り入れた鑑賞の指導内容構成. ダルクローズ音楽教育研究, 35, 23-32.

J＝ダルクローズ (2003/1898). 音楽の学習と聴音教育. J＝ダルクローズ, E. (著), リズムと音楽と教育 (山本昌男, 訳, pp.1-6). 全音楽譜出版社.

J＝ダルクローズ, E. (2003/1907). リズムへの手引き. J＝ダルクローズ, E. (著), リズムと音楽と教育 (山本昌男, 訳, pp.43-55). 全音楽譜出版社.

J＝ダルクローズ, E. (2003/1912). 音楽と子ども. J＝ダルクローズ, E. (著), リズムと音楽と教育 (山本昌男, 訳, pp.56-72). 全音楽譜出版社.

J＝ダルクローズ, E. (2003/1914). リトミック、ソルフェージュ、即興演奏. J＝ダルクローズ, E. (著), リズムと音楽と教育 (山本昌男, 訳, pp.73-98). 全音楽譜出版社.

J＝ダルクローズ, E. (2003/1915). 学校、音楽、喜び. J＝ダルクローズ, E. (著), リズムと音楽と教育 (山本昌男, 訳, pp.113-128). 全音楽譜出版社.

J＝ダルクローズ, E. (2003/1919). リズム、拍子、気質. J＝ダルクローズ, E. (著), リズムと音楽と教育 (山本昌男, 訳, pp.224-247). 全音楽譜出版社.

Juslin, P. N., & Sloboda, J. A. (2010). *Handbook of music and emotion: Theory, research, applications*. Oxford: Oxford University Press.

文部科学省 (2008). 小学校学習指導要領解説：音楽編. 東洋館出版社.

文部科学省 (2018a). 小学校学習指導要領 (平成 29 年告示). 東洋館出版社.

文部科学省 (2018b). 小学校学習指導要領 (平成 29 年告示) 解説：音楽編. 東洋館出版社.

森保尚美 (2020). 舞踊の身体活動を通した音楽鑑賞に関する質的研究：「拍」概念の多様性に着目して. 日本教科教育学会誌, 43 (2), 11-24.

髙倉弘光 (2014). 小学校低学年における動きを伴った鑑賞授業：ダルクローズ・リトミックとの関連から. 音楽

教育実践ジャーナル, 12（1）, 75-78.

谷口高士（2006）. 音楽を聴くということの心理的意味を考える：心理学からのアプローチ. 日本音響学会誌, 62（9）, 682-687.

徳田崇（2012）.「味わって聴く」力の評価. 音楽教育実践ジャーナル, 10（1）, 44-48.

山下薫子（2019）. 感性の根源に「体の動き」の働きをみる. 音楽鑑賞教育, 37, 10-11.

リトミックとウェルビーイング
——コロナ禍における幼児の音楽活動を中心に——

神　原　雅　之

Considerations on the relationship between Eurhythmics and well-being:
Focusing on musical activities of young children during the COVID-19 Infection

Masayuki KAMBARA

はじめに

　経済協力開発機構 (OECD) は、持続可能な開発目標 (SDGs) の一部として、ウェルビーイング (Well-being) に関する目標を掲げている [1]。世界各国は、この目標に迫るために生活の質 (QOL) を向上させる取り組みを進めている。その最中の 2020 年に新型コロナウイルスによる感染 (COVID-19) が世界的に流行し、私たちは否応無しに生活を一変せざるをえなくなった。この変化は、リトミックの活動だけでなく、教育活動全般にわたって大きな影響を及ぼすことになった。音楽活動を担う人もまたさまざまな問題に直面した。本稿では、コロナ禍の中でリトミックが抱える問題点を整理し、リトミックとウェルビーイングの関係について検討する。特に、幼児の音楽活動とウェルビーイングの関連を中心に考えてみたい。

1. コロナ感染拡大と教育活動への影響

　コロナウイルスの流行によって、私たちの生活は一変した。新しい行動様式への適応を強いられた。不自由な生活に直面した私たちは、それ以前の通常の生活において如何に多くの恩恵を授かっていたか再認識することになった。

　コロナ感染症の主な予防対策は、マスクの着用、手指および物品の消毒、3密（密集、密閉、密接）の回避であった [2]。私たちは飛沫感染を予防するために惜しみない協力をした。マスクをしていない者は異質な目に晒されるような状況も見受けられた。これは緊急事態の中、新しい行動様式に適応する中での負の部分と言える。

　周知の通り、感染症の世界的流行は、今回の新型コロナウイルスが初めてではない。約百年前（1918 年頃）にヨーロッパを初めとして世界中でスペイン風邪 (1918-19 flu pandemic) が大流行した [3]。スペイン風邪はインフルエンザ感染症のことである。流行前の 1914 年に第 1 次世界大戦が勃発し、それは 4 年間続いた。スペイン風邪はちょうど第一次世界大戦が終結する頃に流行し、(こ

のスペイン風邪の大流行が) 戦争を終わらせたとも説かれている。このスペイン風邪が流行した当時、これに効くワクチンは未だ無く、多くの犠牲者が出た。このスペイン風邪は 3 〜 4 年間にわたって猛威を振るった。これは日本も例外ではなかった。その後、インフルエンザ・ワクチンが開発され、スペイン風邪は収束した。

　スペイン風邪の流行から約百年が経過した 2020 年に、私たちが経験することになった新型コロナウイルス感染症が猛威を振るった。その死者数は想像を超えた。世界の国々でその対策に追われた。コロナ感染の発症から 1 年後にワクチンが開発され、多くの国々で接種が進められた。しかし、その効果はすぐには現れず、流行はその後しばらく続くことになった。収束の兆しが見えるようになったのは 2023 年に入ってからである。

　20 世紀初頭のスペイン風邪 (インフルエンザ)、そして 21 世紀初頭の新型コロナウイルス感染症は、いずれも発症から収束までおよそ 4 年間を要した。

　ちなみに、ジャック＝ダルクローズ (1865-1950) は、1914 年にドイツ・ヘレラウの研究所から、故郷であるジュネーブに戻った[4]。1918 年、ジャック＝ダルクローズはジュネーブに居た。ここでスペイン風邪の流行を体験したと推察される。スペイン風邪の流行の中で、彼は、自身が設立した音楽院 (Institute Jacque Dalcroze) においてリトミックの指導とその普及に尽力した。この時期にも自著『リズムと音楽と教育』に載せられている論文をいくつか執筆している。この頃に著された論文は「踊り手と音楽 (1918 年)」「リトミックと身体造形 (1919 年)、「リズム、拍子、気質 (1919 年)」がある[5]。しかし、彼は、これらの文章の中で、スペイン風邪に言及した箇所はない。当時の感染対策の実態について詳細は不明であるが、その渦中にあっても、彼は、ヘレラウ時代から構想してきたプラスティック・アニメ (身体造形) や舞踏の再考などに目を向け、リトミックの創造に余念がなかった。

2. ウェルビーイング

　ここではリトミックとウェルビーイングの関連について考えてみたい。ウェルビーイングは、1946 年に世界保健機関 (WHO) が設立された時に唱えられた。ウェルビーイングは、個人の幸福や健康の状態を指す概念である。これには身体的、精神的、社会的な側面を含む総合的な幸福感や生活の質 (QOL) の向上を含んでいる。この概念は、一人ひとりの健康、幸福、生活の満足度と関連している。つまり、ウェルビーイングを高めるためには、健康的な生活、ストレスの管理、精神的な安定、社会的つながりなどが重要なポイントとなる。

2.1　コロナ禍とウェルビーイング

　経済協力開発機構 (OECD) は、ウェルビーイングに関する研究や政策の推進において重要な役割を果たしている。OECD は、その加盟国と協力国に対して、ウェルビーイングに関するデータ収集、分析、政策提言を行い、持続可能な社会的・経済的な発展に寄与している。

　各国はそれぞれにウェルビーイングに向けた活動を行っていたのだが、その中で新型コロナウイルス (COVID-19) の流行に遭遇した。これによってウェルビーイングの推進は大きな影響を受けることになった。

もっとも顕著な影響は、コロナ感染拡大による生活様式の変化である。この変化は、健康への懸念を高め、身体的な健康に対する不安を助長した。感染防止のために採られた隔離措置やソーシャルディスタンスの実施は、身体的なウェルビーイングに影を落とすことになった。

ウェルビーイングは、精神的な健康にも関連している。コロナ禍における様々な制限や不確実性（制限の見直し等による措置の変更など）は精神的ストレスや不安など心の健康にも影響を及ぼした。失業や店舗の閉鎖などによる経済的なストレス、ロックダウン、ソーシャルディスタンスの実施なども精神的な健康と深く関わっている。同時に、これらは社会的つながりの希薄化に拍車をかけた。友人や家族との交流が制限され、孤独感が増した。これらはいずれもウェルビーイングに悪影響をもたらしている。

保育施設・教育機関への影響も看過されない。休校措置や遠隔教育の導入によって、教育活動に様々な制約が加わり、これらは教育機会の不平等を生むことになった。

これらネガティブな側面ばかりが強調されるが、その傍らで公衆衛生に対する人々の適応は格段に高まった。マスクの着用、手指の消毒、予防接種などは、感染症によるストレスを緩和し、安心感の醸成に寄与した。そして、公衆衛生対策や社会的な経済支援などを通じて、多くの人々が共に困難に立ち向かおうとする態度を助長した。コロナ感染対策の実行は、身体的・精神的な健康、社会的つながりなどを支える基盤となった。言い換えるなら、ウェルビーイングを向上させるためには、適切なリソース（人的資源や物的資源）の提供、具体的な支援、情報提供が不可欠であることが浮き彫りになった。

2.2　リトミックとウェルビーイング

リトミックとウェルビーイングは、それぞれ異なる概念を含んでいるが、一部では重なり合うところもある。ここではウェルビーイングとリトミックが重なり合うところについて考えてみたい。両者に共通するところは、前項で述べたところの身体的な健康、精神的な健康、そして社会的つながりと関連している。以下そのポイントを整理してみよう。

・リトミックは身体的な健康に寄与している。リトミックの活動は、学習者の身体的な動きを促し、運動能力の向上を促している。適度な運動は、健康な生活習慣を育むのに有効である。

・リトミックは感情的な健康をサポートしている。音楽やリズムの活動は感情的な表現を含んでおり、感情の安定（ポジティブな感情を育むこと）と関連している。

・リトミックは人とのつながりをサポートしている。一般的に、リトミックはグループで行われることが多い。リトミックの活動を通して他者と交流し、互いに協力（協働）する機会を持つ。これは友情や信頼関係を育むことに役立つ。こうして、リトミックや音楽の活動は人（社会）とのつながりの機会を生み出している。

・リトミックは学習と発達の機会を提供している。リトミックは知的発達に影響を及ぼし、特に音楽的な理解やリズムの認識を促進する。知識やスキルの習得は、ウェルビーイングの向上と深く関連している。

これまで見てきたように、リトミックの体験は一人ひとりのウェルビーイングの向上と深く関連していると言える。

3. コロナ禍における幼児の音楽活動

　コロナ禍の中、幼児の音楽活動はどのように行われているのだろうか。筆者らは特に保育施設における表現活動の実態を明らかにするために調査を行った（神原・岡林 2023）[6]。調査時期は2022 年 10 月中旬～ 11 月初旬であった。対象は京都市内の幼稚園（41 園）及び保育園（54 園）計95 園。予め作成したアンケート用紙を各園に郵送し、約 2 週間の期間内に返送して頂いた。返答数は 71 園（回収率 74.7％）であった。結果を見て見よう。

3.1　保育施設における感染対策

どのような感染対策を採られているか尋ねた（図 1 参照）。

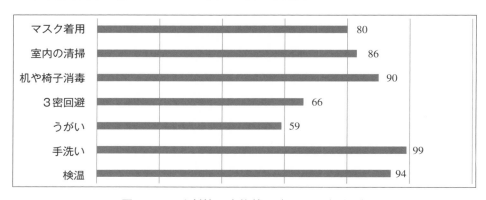

図 1　コロナ対策の実施状況（N=71，単位％）

　いずれも高い比率で感染予防対策に取り組まれていることがわかる。そこで、特に乳幼児のマスク着用の扱いについて尋ねてみた（表 1 参照）。

表 1　マスク着用の取り組み（各園から寄せられた自由記述の要約）

・1 ～ 2 歳児はマスク着用無し，3 ～ 5 歳児も基本的にマスク着用を勧めていない（保護者の判断に一任），マスクの着用は職員のみ
・3 歳以上はマスクを着用（外遊びではマスクをしない），2 歳以下はマスクをしない
・園外へ出る時にマスクを着用する
・マスクは職員のみ常時着用。園児は登降園時と咳の出ている子だけマスクを着用している
・1 歳児 2 歳児はマスク着用していない，3 歳以上は保護者の判断
・2022 年度春頃まではマスクを着用するよう指導していたが，その後は任意としている
・登園時やバス乗車時など，人が集まる場でマスク着用を確認している
・室内においてもリズム遊びの時は着用しない
・（暑い時期の）外遊びではマスクを外し，涼しくなれば着用している

　1 ～ 2 歳児ではマスク着用を求めない園が殆どであった。3 ～ 5 歳児も場面に応じて着用の有

無を判断されている。乳幼児に寄り添った柔軟な対応を模索されていることがわかる。

3.2　音楽活動への影響

　コロナ感染は「音楽的な活動に影響を及ぼしていると感じられているか」尋ねた（図2参照）。図2に示されているように約8割の保育者がコロナの影響を感じておられた。

　感染について保育者の注意は何に注がれているのだろうか。自由記述の文章を基にユーザーローカル AI テキストマイニングによる分析 (https://textmining.userlocal.jp/) を行った（図3参照）。この図から、保育者の注意は、「うたう」活動と「鍵盤ハーモニカ」の活動に向けられている。これはマスク着用による歌い難さや飛沫感染リスクに対する懸念に因るものと推察される。

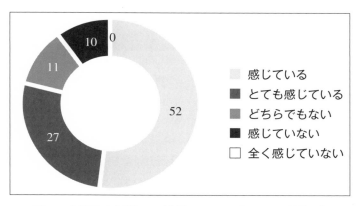

図2　音楽的な活動への影響について（N=71，単位%）

クラス　出にくい　むずかしい　辛い
分かりづらい　歌える　あける　しにくい　はずす　保育　子どもたち
表情　見えにくい　制限　良い
伝える　出しづらい　伝わりにくい　コロナ　通りにくい
影響　うた　機会　多い
できにくい　歌　必要　できる　行う　歌う　口元　考える
音楽会　着用　うたう　マスク　方向
つける　子ども
難しい　ピアニカ　鍵盤ハーモニカ　活動　声　以前
高い　楽しむ　為　減る　向く　見える
出来る
思う　保育者　指導　距離　音楽活動　出づらい
変わる　感じる　発表会　歌唱　取り組み　控える　わかりにくい
小さい　先生　歌詞　少ない　大きい
みえる　歌声　歌いにくい　しまう　厳しい

図3　音楽表現活動におけるコロナ感染の影響

3.3　コロナ禍における表現活動

　表現活動の頻度について尋ねた。ここでは「とても増えた（5点）」から「とても減った（1点）」の 5 段階評価を求めた（図 4 参照）。図 4 に示されているように、ここに掲げた活動はいずれも 3 点より低い。つまり、感染拡大によって音楽活動は減少、特に歌う活動の減少が著しいことがわかる。

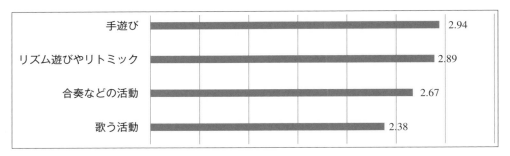

図 4　コロナ禍以前と比べて表現活動はどの程度行われていますか（N=71）

3.4　発表会の実施

　発表会の実施に伴う具体的な対応策について尋ねた（図 5 参照）。図 5 にあるように、人数制限や学年別など、3 密を回避する措置が採られている。幼児と保護者向けに動画配信を行う園もみられた。感染対策のために様々な対応をされていることがわかる。

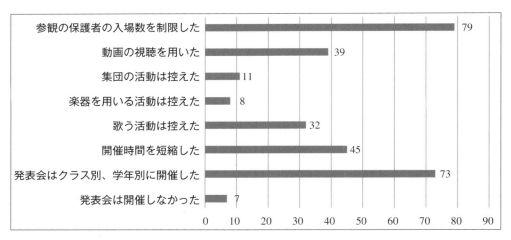

図 5　コロナ禍における発表会への対応策（N=71，単位 :%）

　感染予防のために、保育施設では様々な対策が採られていた。これは表現活動を含む保育活動を停滞させないための工夫である。同時に、これは乳幼児のウェルビーイングをサポート（安心感を生み出すなど）するための創意工夫であると言える。

4. コロナ禍中におけるリトミック

　コロナ禍は、リトミックの活動だけでなく、合唱や吹奏楽などの音楽活動や運動活動にも影響を及ぼした。感染拡大を最小限に抑えるために様々な安全対策が行われた。具体的には、手洗い、ソーシャルディスタンス、マスクの着用、人数の制限、物品消毒など。乳幼児の場合、マスクの着用率は低かった（前項を参照）。乳幼児の活動においては比較的寛容な態度がみられた。

　コロナ禍における顕著な変化は、グループ活動の制約である。対面による活動では、3密回避や飛沫感染を防ぐために様々な措置がとられた。その事例を挙げてみよう。
・ソーシャルディスタンス（空間）の確保、パーテーションの設置、マスクの着用
・パーソナル（個人）な活動によるプログラムの実施
・人数の制限、時間の短縮、時差による時間割の設定
・使用する教具や椅子、備品などを頻繁に消毒
・オンラインによる教育プログラムの提供、など

　もう一つの変化は、家庭での活動が増えたことであろう。リトミックでもオンラインを用いた事例が試みられた[7]。これによって子どもたち（学習者）は感染予防をしながら家庭に居て音楽参加することが可能となり、音楽の楽しさを享受し、学びを継続することができた。

　いずれにしても、リトミックは子どもたちの身体的、精神的、社会的な発達に重要な役割を担う可能性を含んでいる。様々な制約にもかかわらず、リトミックの活動を継続するために様々な工夫（3密回避や遠隔レッスンなど）が試みられた。この工夫は重要である。以下、筆者が試みた対面によるリトミックの事例を挙げてみたい。

事例：実施日 2023 年 7 月 8 日、広島市内私立 K こども園 4 歳児クラス、約 20 名

幼児は円陣になって座る。マスクの着用は自由。挨拶
・何も告げないで、私が〈たなばた〉を弾くと幼児は口ずさみ始めた。身体を左右に揺らしながら。
・幼児一人一人に新聞紙を手渡し、長くちぎるように促す（少し時間をとって新聞紙をちぎる）。ゆっくり長くちぎる。新聞紙を持つ手は広がっていく。新聞紙のちぎれる音を聴くように促した。
・何を言わずとも幼児はちぎった新聞紙を手にもって左右に振り始めた。私はその動きにあわせて音楽を奏でた。〈たなばた〉が奏でられると歌いながら新聞紙を振っていた。途中で音楽を止めると動きを止める。再び音楽が奏でられると振る。これを繰り返す。
・新聞紙をもったまま、部屋の中の壁（お家に見立てて）にくっつく。音楽〈たなばた〉に合わせて歩き始める（ゆっくり／速い、強い／弱いなど音楽を変えて奏でた）。音楽が止まったらすぐにお家に戻る。これを反復して楽しんだ。
・みんなの新聞紙を大きなビニール袋に入れて閉じた。マジックで顔を描き、部屋に飾った。

気付き：導入に、幼児が既に親しんでいた〈たなばた〉の歌を用いたのは良かった。幼児は旋律が聴こえると自然に口ずさんだ。この活動は Stop & Go（即時反応）である。幼児は音楽の始まりや休止の瞬間を聴き逃すまいと聴き耳をたてていた。途中、音楽が強くなったり、弱くなったり（ディナーミクの変化）すると、新聞紙を振る動きを大きくしたり小さくしたりしていた。広い保育室空間も幸いした。今回の活動ではコロナ感染の影響を殆ど感じなかった。担任の先生によってこの活動の事前と事後に手洗い（消毒）を行うなどの配慮を頂いたことは有り難かった。

5. コロナ禍におけるリトミックの活動で留意したいこと

　（1）リトミックの基本は聴くことである。活動では音楽の何を聴くのが焦点化せることである。つまり、音楽を特徴付けている要素を感じとりながら、動きで反応する。例えば、強弱やテンポの違いを識別したり、和音の変化を聴き分けたりする。その音楽的な変化を感じ、あるいは予感しながら聴き、同時に聴き取った音楽の特徴を動きで応答するのである。聴きながら動くというのは、音楽参加そのものである。

　（2）聴取と動きの関係性を探究すること：聴取活動は五感による情報のキャッチ（神経組織の洗練）のことである。その情報は脳で判断され、動きに置換される（筋肉組織の柔軟性）。この一連の流れを滞らないようにすることである。ここでは、音楽や動きの行先を予感することが鍵となる。一連の流れがスムースになった時、心はストレスを弱め、快感を味わうことが出来る。そして、これらの活動において、音楽を予感することは、子ども自身の意志を育むことに繋がるだろう。リトミックの活動は、最近注目されている認知行動療法の考え方（認知、感情、身体、行動の関連に着目した療法）にも似ているように私は考えているのだが、この点はさらに吟味を重ねていきたい。

おわりに

　コロナ禍における様々な制約の中で、私たちはリトミックの活動を行わなければならなくなった。制約によって教育的な質を担保するための様々な工夫が行われた。この機会は、リトミックの本質を見つめ直す好機になったように思われる。

　リトミックの目指すところの一つは、音楽性の伸長である。特に、聴取感覚を磨くために身体の動きを有効に活かすことがポイントになる。コロナ禍によるソーシャルディスタンスや飛沫感染予防のために、動く機会が少なくなるのは可能な限り避けたい。動きの体験が減ることによって学習者の気付きのチャンスが失われてしまうからである。

　リトミックは、学習者の心と身体の一致・調和（均衡化）を図ることを目指している。これはウェルビーイングの概念と重なり合うところがある。つまり、精神的な健康、身体的な健康、そして人とのつながりは、リトミックの本質に迫るための重要なポイントになると考えられる。

　幸いにもコロナ禍は収束の方向に向かっているが、これと並行してインフルエンザの流行が懸念されている。感染症のリスクは常に私たちの傍にある。引き続き、リトミックとウェルビーイングの関連について考えていきたい。

注

1) 国際連合広報センターのホームページ　https://www.unic.or.jp/news_press/features_backgrounders/31737/（2023年10月18日閲覧）
2) 首相官邸ホームページ　https://www.kantei.go.jp/jp/content/000062771.pdf（2023年10月18日閲覧）
3) 林幹益（2020）マスクかけぬ命知らず！」動揺、100年前の日本でも、朝日新聞デジタル
https://www.asahi.com/articles/ASN4S4CYPN4FUTIL01M.html（2023年10月20日閲覧）
4) これはドイツが第一次世界大戦の体制に入ることにダルクローズは反対した。それによって国外追放を受けたことによるものであった。
5) エミール・ジャック＝ダルクローズ（2003）『リズムと音楽と教育』（板野平監修、山本昌男訳）、東京：全音楽譜出版社
6) 神原雅之・岡林典子（2023）保育施設におけるコロナ感染対策と音楽表現活動、京都女子大学教職支援センター紀要、第5号、pp.145-154.
7) 筆者が関与している特定非営利活動法人リトミック研究センターでは、コロナ感染が流行した時期から、リトミック指導者養成プログラム（オンラインによる事前学習と対面による学習、そしてオンラインによる事後学習を組み合わせて実施）を提供し、学習者の便宜を図っている。

『ダルクローズ・ソルフェージ』に取り入れられた 「表現の法則」の教育的意義
——マーセルの挙げた音楽表現研究者たちの論議をたどる——

古　閑　真　実

A Study of the Pedagogical Significance of "The Principles of Musical
Expression" as expounded in J. Dalcroze's *Solfège*:
From the Perspective of Select Musical Scholars
included in J. Mursell's *The Psychology of School Music Teaching*

Mami KOGA

はじめに

　エミール・ジャック＝ダルクローズ (Jaques-Dalcroze, Émile 1865-1950 、以下、J＝ダルクロー
ズと表記) は、5部8巻から成る「聴取感覚と調性感覚からリトミックの直観を発達させるための
ジャック＝ダルクローズ・メソード」の第3部として、『ダルクローズ・ソルフェージ』[1]全三巻を
著した。『ダルクローズ・ソルフェージ』には彼が学んだリュシィ[2]の「表現の法則」が取り入れら
れている。同書は、音階と調性と共に音楽表現を「表現の法則」により学ぶ。「表現の法則」とは、
あるフレーズの構造から、それを表現するために適切なニュアンス、アクセント、フレーズ等の
表現を導き出すものである。例えばニュアンスの第一法則は、旋律が上行するときクレッシェン
ドすべきであるとし、この法則に依拠することで、これまで感覚に頼って無秩序に行われてき
た音楽表現に秩序を持たせることができるのである。このような学習は、J＝ダルクローズと同
時代、あるいは後のソルフェージュ教本の中には管見の限り見当たらない。また一方マーセル[3]
は『音楽教育心理学』[4]において、音楽表現の原理という側面について、「Czerny と Lussy, さらに
Christiani などは徹底的な研究を行なっており，それらの著書を読むことを音楽教育者たちに奨め
たい。D. McKenzie もこの面に関してきわめて有意義な考え方を持っている」[5]と記している。マー
セルは「『音楽教育の分野への心理学の導入』という不滅の金字塔を樹立」[6]し，「音楽教育は表現と
ともに始めねばならない」[7]と考え、音楽表現について「表現は，音楽の構造上から要求されるも
のであり，すべての表現的なニュアンスは，音楽構造の美しさや意味を解き放つことを狙ってい
るにしか過ぎない」[8]と記している。また彼は、三つの大きな表現媒体として「音量、速度、音質」
を挙げ、「音量」(dynamics：音の強弱) について「表現の第一の手段は，音量を選ぶこと (中略) の

選択である。その選択は常に音楽的構造，特にフレーズの理解，(中略) 音楽構造の身体的な直接的把握によってもたらされる」[9] と述べている。つまりマーセルは、音楽の学習において表現は並行して学ぶべきであり、表現はフレーズを正しく理解することにより得られ、その理解は身体的感覚を伴ったものと考えていた。そして彼は、表現の原理を徹底的に研究しているチェルニー、リュシィ、クリスティアニ、加えてマッケンジーの著書を音楽教育者たちに勧め、表現が何からもたらされ、それをいかに教えるべきかについて認識を深めるように提案している。このように、マーセルはこれらの先達たちの行った研究や試みに言及はしているが、それらについての詳細な検討は行っていない。従って本稿では、これら先達たちの論議を検討する。併せて同問題について当時有力な論客であり、リュシィの表現論批判を行っているコンバリュー [10] の見解も検討してゆく。上記の先達たちの論議を照らし合わせ次の 2 点について検討することにより、ダルクローズ・ソルフェージュにおける表現の法則の教育的意義を明らかにする。①適切かつ正確な音楽表現が可能となる。②音楽の構造と表現の関連性を明らかにし、音楽についての理解を深めることができる。

1. 研究の対象と先行研究

　本研究では、J＝ダルクローズの『ダルクローズ・ソルフェージ』を研究対象の中心とし、併せて、彼の表現の法則の基とされるリュシィの『音楽表現論』[11]、マーセルの記述に沿う形でチェルニー [12] の『ピアノフォルテ教本 op.500』[13]、クリスティアニ [14] の『ピアノ演奏における表現原理』[15]、マッケンジー [16] の著作物、加えて、コンバリューの『表現から見た音楽と詩の関係の考察』[17] を研究の対象とする。

　J＝ダルクローズ及びリュシィの表現の法則に関しては、板野が、J＝ダルクローズのソルフェージュに取り入れられた表現の法則等が、リュシィの著作のどこに書かれているのかを検討し、リュシィからの影響について明らかにしている [18]。しかしこれらの研究は、本論文で行おうとする『ダルクローズ・ソルフェージ』に取り入れられた表現の法則の教育的意義を検討するものではなかった。また陸路・杵鞭は、保育者養成における表現の法則の活用を検討している [19]。これらは童謡の学習に表現の法則をいかに活用するかという研究であり、本稿の目指すリュシィの教育方法の教育的意義の研究とは異なる。先ずリュシィと J＝ダルクローズの理論と教育内容について検討し、続けて 4 人の先達の行った研究と試みについて検討し、そのことにより『ダルクローズ・ソルフェージ』に取り入れられた表現の法則の教育的意義を明らかにするところに本研究の独自性がある。

2. ダルクローズ・ソルフェージュと表現の法則について

　はじめにリュシィの音楽表現理論を検討し、次にリュシィの法則を取り入れている『ダルクローズ・ソルフェージ』の表現の法則について、加えて J＝ダルクローズの他の練習法を検討する。それにより、『ダルクローズ・ソルフェージ』に取り入れられた表現の法則の意義を明確にする。

2.1　リュシイの音楽表現論

①リュシイの音楽表現論について

　リュシィはスイスの音楽表現理論家である。音楽を理性的に捉える独自の音楽表現理論を打ち立てた。リュシィの理論は 19 世紀の音楽心理学や心理学的美学に最も重要な貢献のひとつとされる [20]。彼は『音楽表現論』に「表現を生み出す要素は、フレーズの構造の中にある」[21] と記している。また、リュシィは音楽表現の法則の発案により「科学的なメソードへの道が開け、音楽表現は閉鎖的な感情の領域を離れ、理性の領域へと入った」[22] とし、表現について、それまでの感覚的な捉え方ではなく、理性的な分析をよりどころとする捉え方をしている。彼は「音楽表現の感情は、調性、モード、時間、リズムの現象に対する鋭い感覚の能力だけでなく、何よりも、それらに関連するわずかな不規則性を知覚する際の極度の感受性と敏感さである」[23] と述べ、表現を引き起こすものすなわち音楽表現の感情は、音楽の様々な要素を、特にその変化や差異を鋭く感受することに因っているとしている。さらに彼は、教師は生徒の注意をそれらの事柄に向けさせなくてはならないとし、また生徒はそれにより培われた力により「理性に啓発された自分自身の感情に頼るようになる」[24] と記している。つまりリュシィの述べる「感情」は、恣意的にもなり得る「感覚」には因らず、音楽の構造・フレーズの科学的な分析から導き出されるものなのである。

②リュシィの表現の法則について

　本稿では、表現の法則について体系的に述べられている『音楽表現論』を取り上げる。リュシィが教授職に就く際にその学校の校長から告げられた「自分の生徒に、ある 1 つの楽曲の解釈を教えるのではなく、全ての楽曲に適応できる、一般的な表現の規則を教えて欲しい」[25] という言葉が、同書の執筆に結びつく、彼にとり天啓となったという。そしてリュシィは、表現を引き起こすものは何なのか、という研究を始めた。当時、文献からは答えは得られず、彼はさらに演奏家の演奏と楽譜を徹底的に研究し、彼独自の表現の法則を見出した。彼は、アクセントされるところを表現が引き起こされる場所と捉え、直感に依存する「拍節のアクセント」（メトリカルアクセント）、知性に依存する「リズム的アクセント」（リズミカルアクセント）、感情に依存する「表現的アクセント」（パセティックまたはエクスプレシヴアクセント）、という 3 種に分類し [26]、各アクセントはどのような場合にアクセントが付くのかについて分析を行っている。続く「情緒的要素について」の章では、アッチェレランドやラレンタンド等テンポの変化に関わる表現について分析し解説している。また「音のニュアンスと強さ」の章では、音の強弱や増減について分析している。

2.2　J＝ダルクローズの表現の法則の教育への適用について

①『ダルクローズ・ソルフェージ』に取り入れられた「表現の法則」

　『ダルクローズ・ソルフェージ』では、練習課題を行うことによって音楽の根底、基礎である調性感を養うが、その際、同時に表現法も学習する。J＝ダルクローズは、音階を理解した後には「フレーズや音楽のニュアンスの技術の指導をしなくてはならない」[27] と述べ、それにより、練習の無味乾燥さを覆うことができる [28] としている。そして順次、表現の法則が提示されてゆく。

　同書に挙げられている表現の法則は、「ニュアンスの法則」（13 項目）、「アクセントの法則」（7 項目）、「フレーズの法則」（14 項目）である。板野は、J＝ダルクローズのニュアンスの法則・フレーズの法則の大部分がリュシィのものと合致し、アクセントの法則に関しては完全に一致し、それ

らがリュシィから影響を受けていたことを明らかにしている[29]。また、「リュシィの記述は網羅的であるのに対してJ＝ダルクローズのものはあくまで重要と思われるものを抽出した形となっている」[30]としている。アクセントや情緒的要素（テンポの変化等）に関わる法則はリュシィよりコンパクトになっている。テンポの変化に関してはニュアンスの法則に含められており、J＝ダルクローズは、これらは構造や調性等を学ぶことで、細かく法則化せずに学習可能と考えたと推測する。

　構造的な面の学習は「フレーズの法則」により、呼吸（「息つぎ」、「息止め」）という身体運動と結び付けて行われている。これは同書がソルフェージュ教本であるということが関係していると考えられるが、フレーズの学習について、呼吸という身体運動を用いて実際に法則に従って学習するという点は、J＝ダルクローズがリュシィの方法から一歩進めたものと言えるであろう。

　J＝ダルクローズの表現の法則の内容の詳細を「表1」として後に示す。

②教育への適用について

　『ダルクローズ・ソルフェージ』は、教師が表現を教えるのではなく、表現の法則により、生徒が自ら曲を分析し表現を学ぶという、リュシィの教育方法を引き継いでいる。

　また同書では、表現の法則と併せて、「音列の学習」[31]、「do$_3$から do$_4$の間での音階練習」、「音階の音度をローマ数字で表し、各音の音階や調における役割を学ぶ練習」等、J＝ダルクローズの練習法が展開される。これらは、音の指向性（その調における、或いは他の調への音の引力）、調性等を学ぶものであり、先述したリュシィがその必要性を述べている、音楽の要素の感受つまり音楽の感情の感受力を養うものと言える。同書第2巻には音列の学習について、「この学習と並行して、生徒はニュアンスやフレーズの学習を続け、感情のアクセント法の規則を身につけよう」[32]と記されている。従って『ダルクローズ・ソルフェージ』におけるJ＝ダルクローズの様々な練習法は、音楽の感情の感受力を養うものであり、さらにその練習法の中でも音列の学習は表現の法則と相俟って、先に述べた感情に依存する「パセティックアクセント＝表現的アクセント」を感受し表現し得るように導くということである。

　そして生徒は、法則から自身で曲の構造と表現を見出し表現することから、別の楽曲に対しても自分で表現する力を養うものとなっている。これに関連してJ＝ダルクローズは、「教程のこの部分こそ訓練の歓び」[33]であるにもかかわらず、教育の場では強弱をつける理由等を伝えないことから、生徒は「そうする必要も内心感じないままに押しつけられる」[34]と、教育方法の問題点を指摘している。さらに生徒が表現する様子について「『ニュアンスをつけなさい！』といった途端、子どもの目は歓びに輝き、顔はパッと明るくなる。その旋律は、彼自身がその一部を生むのだから、彼には愛しいものになる」[35]と述べ、「創作意欲はすべての子どもに共通のもの」[36]であるとしている。『ダルクローズ・ソルフェージ』では随時、教師から示される旋律に生徒が応答することや、即興的に創作することが取り入れられている。これらの学習法は生徒の創作意欲を刺激し、彼らにとって学習が歓びとなるように考えられている。

表1『ダルクローズ・ソルフェージ』第1巻〜第3巻より、J＝ダルクローズの表現の法則

分類	番号	内容
ニュアンスの法則	第1	a) 上行形の旋律では cresc.， b) 下行形の旋律では dim.
	第2	旋律の総ての音に，同じ強さのアクセントをつけるべきではない。例えば強いアクセントを持つ場合は，cresc. と decresc. のニュアンスの変化を激しく行わず，反対の場合は比較的激しく行ってもよい
	第3	ある音が上行旋律の中で引き延ばされる場合，それは全体的なクレッシェンドの一部でなければならない。次の音がこの延長された音より低い場合は，cresc. に続いて decresc. が行われる。
	第4	反復音は cresc. を伴う
	第5	反復音が冒頭の旋律の再現の場合 cresc. は rallent. を伴う
	第6	旋律的・リズム的に2度反復される場合その前で息つぎし，異なるニュアンスにする
	第7	旋律が再現する前に準備の旋律がある場合，準備の旋律は rallent. する
	第8	a) 一連の旋律が一組の同じ長さの音で終る時，最後のグループが連続した音程の場合スタッカートする。b) またそれらが旋律の再現の前であれば rallent. も伴う
	第9	ある走句が主題旋律の再現に至る時，旋律の冒頭音の長さが，走句の音の2倍以上の長さである時は，走句の最後部における rallent. は2倍以上に遅い
	第10	同じ長さでない音符（2分音符・4分音符・8分音符・16分音符）から成る曲で一連の同じ長さの上行形の音符が出てくる時は強くアクセントする
	第11	〈これらは第1法則に関わりなく行う〉a) 下行形の一連の旋律で f, ff の主題の再現を招く時は，一連の音を cresc する。b) 上行形の一連の旋律で pp 等穏やかな主題の再現を招く時は，一連の音を decresc する。
	第12	最後の部分で休止符が多い曲は，切れ切れに存在する音でなく，休止符を rallent. する
	第13	a) 長さが同じで音程を異にする二音間では音量は強弱となる。後の音が強拍等である場合も相応の均整をとる。b) 後の音が弱拍部である場合，後の音は響き（sonorité）を失うことはなく，むしろ強い方の音を一層強める。きらびやかな曲では，スラーでつながる二音の後の音は軽いスタッカートとなる
アクセントの法則	第1	小節の最後の音（弱拍）が，次の小節の第一拍まで延びる時，その最後の音は強くアクセントをつける
	第2	弱拍に置かれた音がグループの最初の音であり，その前にある音がそれぞれ小節の完全なる拍子を占めている場合，グループの最初の音はアクセントをつける
	第3	ある音の前後に休符がある時，その音は弱拍部である場合でも，アクセントをつける
	第4	小節の最初の音が，前の小節の最後の音と同じ時は，この最初の音は二重にアクセントをつける
	第5	下行するリズム群の一番高い音は（弱拍部でも）強くアクセントをつける
	第6	臨時記号で，変化した隣接音（または，倚音）は，すべて弱拍部であっても，少し，アクセントをつける。このアクセントは，この臨時記号変化した隣接音が，上っている場合にはもっと強くなる
	第7	転調するように変化された音はすべてたとえ，弱拍部でも，アクセントをつける
フレーズの法則	第1	リズム群が反復されるときは，その前で∨や ' をする。リズム群の最後の音が弱拍の場合，時価を半分失う
	第2	すべての最終音（リズム上・小楽節・大楽節）は，休符，息つぎ，息止めを伴う。すべての最終音は響きの陰影を失う，cresc. の最終音の場合は除く
	第3	小楽節・大楽節の後，旋律的で小節を充たすためのまとめの音はその前後で息つぎをする
	第4	同じ音の反復では，最初の音と反復音との間に，休み，息つぎ，息止めがある。この法則は，フレーズの第1法則よりも重要である。この音が小楽節・大楽節の最初の音の場合，スタッカートになる。
	第5	ゆっくりした曲で，全音階的音程・接近した音程からなる一連の音の次に，かなり跳躍進行（5度や6度）するとき，跳躍音との間で息つぎする。（曲の最初の音群では適用しない）
	第6	連続した（または少し跳躍した）音程が，非常に跳躍した音程に進行し，しかもその二音で女性終止であり，前にある音より長さが長いとき，跳躍した後で息つぎをする
	第7	あるグループの音が旋律的・リズム的であり，上拍を形づくっていて，後に旋律中に出てくるとき，その前で，息つぎか息止めをする
	第8	ある時価の一連の音が，非常に長い音で終わる時，この最後の音，またはこれに続くごく短い音（女性音節に一致している）の後で，息つぎをしてよい
	第9	小節・拍子の最初の音の次から，非常に旋律的に跳躍している場合，その最初の音の後で息つぎをする
	第10	最初の音が長く，二番目が短い二つの音から成るいくつかの音群の間では，軽い息止めの休止を入れる
	第11	音楽的なフレーズの音群で，終止を示す音（主音），半終止を示す音（属音・主音）の後は殆ど常に息つぎをする
	第12	一連の等しい長さの走句または回音のパッセージに続く最初の音が，直前のパッセージの最後の音よりも長い場合は，その最初の音の後で息つぎをする
	第13	短い音とそれに続くより長い音でできている音群が繰返されるたびに，息つぎをする
	第14	未完成な小節を模倣やエコー，あるいは移調楽句で満たす役割を持つ音群の前，或いは後で息つぎをする

（筆者作成）

3. 表現の法則とその教育への適用についての先達による論議

　マーセルが挙げた4人の先達の中で、チェルニーは最も早い時期に活躍した人物である。リュシィ及びクリスティアニは自身の著書に、チェルニーがテンポの変化について法則と共に解説している部分をそれぞれ取り上げている。先ずチェルニーの音楽表現について、続いてクリスティアニ、マッケンジーと取り上げ、最後にコンバリューについて検討を行う。

3.1　チェルニーの音楽表現論
①チェルニーの音楽表現論について

　チェルニーはオーストリアのピアノ教育者、作曲家である。彼はリストをはじめ多くの後進を育て、教本を多数著している。彼の『ピアノフォルテ教本op.500』(1839, 1846) は4巻から成り、サブタイトルには初歩から最高度までを目指す、理論のみでなく実践に則した内容であることが示されている[37]。その第3巻は表現法を含む演奏に関わる内容である。第1章から第3章では、表現の法則の提示とその解説がなされ、生徒がそれを基に表現を学ぶことができるようになっている。リュシィに先立ち、法則により生徒自身が表現を学習するという、リュシィと共通した方法がここに見られる。一方、チェルニーは演奏に関するすべてのことを、作曲者自身が作品に書き加えていることを遵守することによる表現、並びに奏者が自身の感情から作品に込める表現とに分けられる[38]、と記している。従って、法則を適用するという点はリュシィと共通しているが、チェルニーの考えには法則以外の表現があること、また奏者の感情による表現もあるとする点は、リュシィと異なる。

②チェルニーの表現の法則について

　チェルニーは表現を、a) 音の強弱の度合に関わるもの、b) 各音符が持つべき保持、つなぎ、突きはなしの度合いに関わるもの、c) 一時的な規定されたテンポの変化に関わるもの[39] の3種類に分類している。第1章では、a) を取り上げ、5つの法則を示している。その内の2番目に記されている法則は「調和しない (つまり不協和の) 和音は、一般的に次に続く調和する (協和の) ものよりもやや強く表現される」[40] というものである。第2章では、b) のレガート、スタッカート等を取り上げている。ここでは奏法の説明が中心であるが、例えば「2音または3音がスラーで結ばれている場合、2番目 (または3番目) の音はスタッカートされる」[41] というものがある。第3章では、c) のテンポの変化に関わることを取り上げ、リタルダンドやアッチェレランド等について解説している。そこでは、リタルダンドがふさわしいとする11の法則が示されている。その一つ目は「主要主題が再現されるところで」[42] リタルダンドするというものである。続けて、これらの法則を2つの例曲と共に、例曲の流れに沿って解説している。リュシィは、このチェルニーの11の法則の部分を、リュシィの著作以外で、表現について実践的に記した唯一のものと述べている[43]。

③教育への適用について

　チェルニーは、教師が生徒を教えるにあたり留意すべき重要なこととして、「すべてを言葉によって、つまり明晰な説明によって、生徒に理解できるものとして表現する能力です。この場合、頻繁に生徒の前で手本を弾いて示すことは、まったく不要です」[44] と述べている。この文言から、

チェルニーは、表現において楽曲を分析することの重要性と共に、その分析を生徒に言葉によって説明し、それにより生徒自身が分析していく力を育むことを重要であると考えていたことが分かる。そしてこれは演奏によって、感覚的に働きかけるのではなく、言葉による、つまり表現について論理的な説明を行うことを重視していたということであり、「表現の法則」を中心とした知的な分析が必要であることを指摘したものと受け取ることが可能である。

3.2　クリスティアニの音楽表現論

①クリスティアニの音楽表現論について

　クリスティアニはアメリカのピアノ教育者、音楽学者である。彼は自身の著作『ピアノ演奏における表現原理』(1885) の執筆から 20 年以上前に「表現とは、単に感情的な衝動や個人の嗜好に基づくものではなく、原理原則に基づくものである」[45]と考え、表現原理に関する知識を得ようとした。しかしそれに関して彼の師たちから教わることはなく、彼は自ら入手可能な情報を集め、同書を著し、表現原理の理論化を図った。また「表現は感情のみの表れである、あるいはその感情は表現の唯一の基礎である、という誤った信念を払拭したい」[46]と、自身の基本的な考え方を明確にしている。彼は、感情は知性すなわち感情のコントロール・文化的洗練・分析等の訓練により育まれると考えていた[47]。そして完全な表現は、感情と思考によって形成された最初のアイデアが、思考により完全な芸術形態に再度発展されたときに初めて見出されるとし[48]、「感情と思考は、本質的に音楽表現の原動力である」[49]と述べている。感情と思考の双方の作用により、初めて表現となるということである。感情も表現に作用するとしている点はチェルニーとは類似しているが、リュシィとは異なっている。

②クリスティアニの表現の法則について

　クリスティアニはアクセントを中心として表現を捉え、「リズミカルなアクセント」、「メトリカルなアクセント」、「メロディックなアクセント」、「ハーモニックなアクセント」に分類し、それぞれ、拍節・リズムの強勢、楽節、メロディー、協和・不協和の形態等を基に分析を行った。彼はアクセントについて、人が他の人に握手の強さによって感情を伝えることに言及し、「音楽家は、音に圧力をかけることで音楽的感情を表現しようとする。この音の押し出し、強調、アクセントは、音楽的意義の主要な手段であり、基礎となるものである」[50]と述べている。

　クリスティアニは、アクセントを「『いつ』『どこで』つけるかの選択において、感情的な衝動は最悪のガイドとなる」[51]と考え、アクセントがつく理由の分析を行い、感情に任せるのではなく思考することによって、その付けるべき場所を決定できるようになることを目指した。音楽の構造からの知的な分析により表現法を見出すという考え方は、リュシィと共通している。

③リュシィの「表現の法則」についてのクリスティアニの見解

　クリスティアニは「私の知る限り、accelerando と ritardando の応用について何らかの目的をもって書いた数少ない人物」[52]の一人としてリュシィを挙げている。リュシィの「昇るとは肉体的にも道徳的にも努力することである。(中略) 傾斜が急であるほど (中略) より多くの力を必要とし脈拍は速くなり (中略)、頂上に達した時私たちはある種の幸福感を味わう」[53]という説明を引用し、「素晴らしいアイデアだ」[54]とクリスティアニは述べる一方、「今後続くルールは、リュシィが考えるようなもの、つまり目的に適ったものからは程遠い。しかし、読者は自分自身で判断すること

ができる」[55]と記し、以降、リュシィの『音楽表現論』から、第7章「情緒的要素について」の大部分を転載している[56]。またクリスティアニは、「『どのようにアクセントをつけるか』という情緒的(emotional)な部分だけが（中略）教えられない」[57]と記している。先の、クリスティアニが「素晴らしいアイデアだ」と評した部分以降の転載は、テンポの変化を伴う表現である情緒的要素についてリュシィが述べているところであり、正にクリスティアニが「教えられない」とした事柄である。クリスティアニが多くの頁を割き、リュシィの著書から引用を行った理由は、その解決となる方法をリュシィの表現法に見出すことが出来ると考えたからと言えるであろう。

④教育への適用について

　ピアノ教育者であったクリスティアニは、アクセントの法則に関する指導が行われなかった場合「一般的な練習では、生徒は作曲家の書いた指示を参考にする。しかし、アクセントの原則を知らないので、（中略）ほぼ間違いなく不正確なアクセントになる」[58]と述べている。それに対し教師は「足りないアクセントを指摘したり、指示されていないアクセントをチェックしたりするが、これらの修正や提案がなされた理由や原則を生徒が知らされることはほとんどない」[59]ことから、この後、生徒は試行錯誤するが、表現は完全なものとはならず「感情的な衝動に支配されるようになる」[60]としている。このようにクリスティアニは、表現の原理を教えない教育を批判的に捉えている。このクリスティアニの見解は、リュシィやJ＝ダルクローズらの試みと相通ずるものと言える。

3.3　マッケンジーの音楽表現論

①マッケンジーの音楽表現論について

　マッケンジーは、イギリス、アメリカ及びカナダで活躍した教育者である[61]。ロンドンのトニック・ソルファ・カレッジで学び、合唱指導に関わる著作が多く見られる。彼の『少年の変声期における教育』[62]は、青少年期の男子の声の変化に対応した指導等について記されている。後ほど③で述べるが、第7章「中学生合唱における音色の可能性」の第1節「リハーサルのテクニック」には表現に関わる記述がある。また、アメリカの音楽教育関係誌 Music Supervisors' Journal に掲載されている論文「小学校の合唱指揮者」[63]では、フレーズから表現を導き出す指導法について述べられており、「カデンツには特に注意が必要である」[64]と、終止形の表現法についても記されている。以上のことから、マッケンジーが音楽の構造的な面から表現を導いていたことが読み取れる。

②マッケンジーの表現に関する法則的な記述について

　先述した「小学校の合唱指揮者」から音楽全般の表現に関わる指導方法を、記載されている順に取り出してみる。a) フレーズの輪郭の美しさを表現するために、クレッシェンドと音量の増減の組み合わせで歌い、生徒たちにフレーズのクライマックスを見つけさせる[65]。b) カデンツに注意する。特に女性終止[66]における音量の増減の方法の正しい扱いを習慣化する[67]。c) 音符の性格、すなわち、異なるハーモニーにおけるその「精神的効果(mental effects)」[68]に注意しなければならない[69]。

　これら a)―c) は指導のポイントとして記され、法則として挙げられたものではない。

③教育への適用について

『少年の変声期における教育』に、一般的なリハーサルにおいて、演奏を中断して、膨らませる音・パッセージについて、またどのような音にどのようにアクセントをつけるのかについて指示をするが、理由は示さず求められることもないため、表面的な解釈の仕方となっているとの記述がある[70]。先述したクライマックスを見つける方法も併せ、マッケンジーは教師が表現を決めて教えることに対し「音楽的ではなく、表面的なものであり、音楽の理解やリハーサルの楽しさにはほとんど寄与しない」[71]と指摘している。表現の理由を示し、生徒自身が理解し、考えて表現を実施する方法を目指していたと考えられる。

3.4 コンバリューの音楽表現論について

①コンバリューの音楽表現論

コンバリューはフランスの音楽学者である。コレージュ・ド・フランスで音楽科教授を務め音楽史を教えた。彼は『表現から見た音楽と詩の関係の考察』において、音楽的な言語の起源である人間の声は、3つの側面での表現力、すなわち「1. 感情の表現、2. 特定の物質や外部の物体の表現、3. 思考の表現」[72]を持っており、「これらの共通の起源は本能である」[73]としている。これらは、ルソーの「詩句、歌、音声言語は共通の起源をもっている」[74]、また「情念が最初の声を引き出した」[75]という考えを彷彿とさせる。コンバリューは同書において、しばしば「音楽的言語（le langage musical）[76]と本能的言語の一致」を唱え、それを音楽表現の基礎と考えていた[77]。つまり、音楽表現は感情を起源とすると捉えていた。

②コンバリューによるリュシイの「表現の法則」批判

コンバリューは先述の著書において「M. マティス・リュシィの本について一言」[78]とし、リュシィの著作『音楽表現論』を取り上げている。彼は、その本に関して「マティス・リュシィという熟練した教授が、『メトリック的、リズム的、調的、モード的不規則性の研究』に基づいて音楽表現論を構築した」[79]と述べ、「『秩序を壊すもの、対称性を乱すものは表現的である』というのが、著者の貫いた原則である」[80]と記している。そして、「彼は、不規則な音は『魂が焦点である闘争と動揺を明らかにする』と、この主題の重要な部分をそれ以上示すことなく、まるで通りすがりの人のように言うにとどめた」[81]と述べている。さらに彼は「音楽的言語と本能的言語の一致という、表現の基礎となるものがどこにも明記されていない」[82]としている。つまり、音楽言語と様々な感情との関係を説明していないと批判しているのである。

4. 考察

リュシイは、表現を引き起こすものは音楽の構造であるフレーズの中にあるとした。科学的な分析による、調性等音楽的要素やフレーズの感受、及びそれらの不規則性の感受が、音楽表現の感情であると考えた。また彼の教育方法は、提示された表現の法則を基に、生徒が自ら表現を見出し表現することを目指すものであった。J＝ダルクローズは『ダルクローズ・ソルフェージ』にリュシィの法則を取り入れ、教育方法も引き継いだ。そこでは「音列の学習」等様々な練習法により、同書全体を通じて、音楽の根底、基礎である調性と同時に構造を学ぶ。表現の法則の適用

がそれらの学習と相互に作用し合うことにより、この学習は正にリュシィの述べる音楽表現の感情を学ぶものになっていると言える。また同書では、リュシィの情緒的要素に関する法則を簡潔にし「ニュアンスの法則」に含める等コンパクトにされ、各法則を同時に適用し複合的に表現を学習できる。また「息つぎ、息止め」は歌う中で行うため、身体運動を共に行う新たな方法となっている。加えて即興等は元より、生徒にとり表現は創作であり、学習自体に歓びを感じられる方法となっている。

　本研究では、チェルニー、クリスティアニらの論議を検討してきた。その中で問題として現れてきた事柄は、音楽表現における「感情」についてであった。奏者個人の感情を表現に入れることは、恣意的な表現が入り得る。一方、法則による演奏は客観的な表現となり、恣意的な表現を避けることができると考えられる。本稿の冒頭で示した検討事項の 1 点目、適切かつ正確な音楽表現が可能か否かは、この「感情」についての捉え方が判断の拠り所になると考える。チェルニーとクリスティアニは法則を取り入れているが、奏者の感情も表現に含まれるとした。マッケンジーは法則という形では示しておらず、コンバリューは表現を個人の感情に因るものとした。一方、リュシィは法則による分析から得たものが音楽の感情であるとし、J＝ダルクローズはその方法を引き継いだ。その法則は簡素化され、生徒が理解し易いものになっていることを鑑みると、J＝ダルクローズの方法が適切かつ正確な音楽表現を可能にすると考える。2 点目の構造と表現の関連性からの音楽の理解については、コンバリュー以外は皆、各々検討していたが、その関連性を体系的に検討したのは、リュシィ、クリスティアニ、J＝ダルクローズである。クリスティアニはアクセントを中心に表現を捉え、拍節や楽節等複数の形態を基とした。従ってどの形態を基にするかという解釈が必要となり、生徒が自ら学ぶことは難しいと思われる。リュシィは表現をフレーズにあるとし、生徒は法則により表現の理由を知り、実践し、フレーズ・構造と表現の関連性を自ら学び得る。この点も J＝ダルクローズが引き継いだものと言える。2 点目についても、法則の簡潔さから各法則を複合的に適用し得るため、J＝ダルクローズの方法が最も音楽の理解を深めることが可能であると考える。

　これらの検討から、『ダルクローズ・ソルフェージ』における表現の法則を取り入れた学習は、a）法則に基づき表現することにより恣意的な表現を避けることができ、いずれの生徒にも適切な表現が可能となる、b）構造と表現の関連性を学び法則を複合的に適用することで、より深まった表現が可能となる、c）音楽表現における感情という学びが生徒自身で学習可能となる、ということが明確になった。そしてこの学習は、法則により表現の理由を理解することで生徒自らが表現を導き出すものであり、その行為は創造に他ならない。生き生きとした生徒自身の音楽が創り出され、それは生徒にとり歓びとなる。J＝ダルクローズの表現の法則による学習は音楽の理解を深めると共に、歓びという力を生み出す、生徒の内面に作用するものであることが明らかになった。

注および引用文献

1)　J＝ダルクローズ著、板野平・岡本仁共訳『ダルクローズ・ソルフェージ』第 1 巻—第 3 巻、国立音楽大学出版部、1986.

2)　Lussy, Mathis（1828-1910）、スイスの音楽表現理論家.

3) Mursell, James Lockhart（1893-1963）アメリカの教育学者. イギリスに生まれ、オーストラリアを経て、アメリカに渡り、コロンビア大学において音楽科の主任教授（1935-1959）を務めた.

4) マーセル, J. L. 著、伴田武嘉津訳『音楽教育心理学』音楽之友社、1965（原著は 1931）.

5) 同上書、p.216.

6) 同上書、p.317（「著者紹介」）.

7) 同上書、p.216.

8) 同上書、p.215.

9) 同上書、p.222.

10) Combarieu, Jules Léon-Jean（1859- 1916）フランスの音楽学者.

11) Lussy, Mathis., *Musical Expression, Accents, nuances, and tempo in vocal and instrumental music*, Translated by M. E. von Glehn,London:Novello and Co., New York, 1892（原著 1874）.

12) Czerny, Carl（1791-1857）オーストリアのピアノ教育者、作曲家.

13) Czerny, Carl., *Vollständige theoretisch-practische Pianoforte-Schule op.500, In 4 Theilen*, A. Diabelli u. Comp., 1839, Vierter Theil 1846.

14) Christiani, Adolph Friedrich（1836-1885）アメリカのピアノ教育者、音楽学者.

15) Christiani,A.F., *Principles of Expression in Pianoforte Playing*, Franklin Classics Trade Press, 2018（Harper & Brothers Publishers., NewYork and London, 1885 ）.

16) McKenzie, Duncan（1885- ?）、イギリス、アメリカ及びカナダで活躍した教育者.

17) Combarieu, Jules., *Les Rapports de la Musique et de la poésie considérées au point de vue de l'expression*, FÉLIX ALCAN, ÉDITEUR , Paris, 1893.

18) 板野和彦「リュシィがリトミック成立に及ぼした影響に関する一考察―ニュアンスの法則を視点として―」『ダルクローズ音楽教育研究』第 24 号、1999、pp.1-14.
　　板野和彦「リュシィとジャック=ダルクローズによるアクセントについての見解に関する一考察」『ダルクローズ音楽教育研究』第 25 号、2000、pp.19-31.
　　板野和彦「リュシィとジャック=ダルクローズによるフレーズについての見解に関する一考察」『リトミック研究の現在』開成出版、2003、pp.15-24.

19) 陸路和佳・杵鞭広美「童謡の音楽的表現に関する一考察―ダルクローズ・ソルフェージュにおけるニュアンスの法則との関連を視点として―」『有明教育芸術短期大学紀要』第 1 号、2010、pp.72-82.
　　陸路和佳・杵鞭広美「童謡の音楽的表現に関する一考察 (2)―ダルクローズ・ソルフェージュにおけるアクセントの法則との関連を視点として―」『有明教育芸術短期大学紀要』第 2 号、2011、pp.25-33.

20) Doğantan, Mine. *Mathis Lussy's Theory of Rhythm as a Basis for a Theory of Expressive Performance*（Doctral dissertation）, 1997, Abstract. Available from ProQuest Dissertations and Theses database.（UMI No.9809708）

21) Lussy, Mathis., op. cit., 1892, p. v.

22) *ibid*., p. iv.

23) *ibid*., p. 10.

24) *ibid*., p. 12.

25) *ibid*., p. 1.

26) *ibid*., pp.13-14.

27) J＝ダルクローズ著、板野平・岡本仁共訳、前掲書、第 1 巻、1986、p.3.

28) 同上書、p.3.

29) 板野和彦、前掲書、1999、2000、2003.

30) 板野和彦、前掲書、2003、p.24.

31) 例えば「ドレミファ」のように音階から切取った音群を基に、各音の役割を学習する.

32) J＝ダルクローズ著、板野平・岡本仁共訳、前掲書、第 2 巻、1986、扉 (p.5). なお、「感情のアクセント法」の下部には傍点が付され、原文は「*l'accentuation pathétique*」となっており、リュシィの『音楽表現論』等を参照するよう付記されている.

33) J＝ダルクローズ著、山本昌男訳『リズムと音楽と教育』全音楽譜出版社、2003、p.40.

34) 同上書、p.40.

35) 同上書、p.42.

36) 同上書、p.42.

37) タイトル全体：*Vollständige theoretisch-practische PIANOFORTE-SCHULE von dem ersten Anfange zur höchsten*

Ausbildung fortschreitend .

38) Czerny, Carl., *op. cit., Dritter Theil*, 1839, p.4.

39) *ibid.,* p.1.

40) *ibid.,* p.6.

41) *ibid.,* p.21.

42) *ibid.,* p.26.

43) Lussy, Mathis., *op. cit.*, 1892, pp. 164-165.

44) ツェルニー著、岡田暁生訳・解題『ピアノ演奏の基礎』春秋社、2010、p.188.

45) Christiani, A.F., *op. cit.*, 2018（1885）, p.5（序文）.

46) *ibid.,* p.5.

47) *ibid.,* p.13.

48) *ibid.,* p.11.

49) *ibid.,* p.12.

50) *ibid.,* p.20.

51) *ibid.,* p.30.

52) *ibid.,* p.264.

53) *ibid.,* p.276.

54) *ibid.,* p.277.

55) *ibid.,* p.277.

56) *ibid.,* pp.276-295（リュシィの原著 1874、p.117、3 行目からp.136 の譜例まで）.

57) *ibid.,* p.24.

58) *ibid.,* pp.29-30.

59) *ibid.,* p.30（太字で示した文字は、原著ではイタリック）.

60) *ibid.,* p.30.

61) 1943 年から 1952 年までダグラス・カレッジの音楽科の主任教授を務めた.

62) McKenzie, Duncan, *Training the Boy's Changing Voice*, Rutgers University Press, New Brunswick, New Jersey, 1956.

63) McKenzie, Duncan, "The Elementary School Choir Conductor", *Music Supervisors' Journal*, Vol.17, No. 3, Feb., 1931, pp.23-24.

64) *ibid.,* p.24.

65) *ibid.,* p.24.

66) 女性終止: 弱拍で終る終止形.

67) McKenzie, Duncan, *op.cit.*, 1931, p.24.

68) mental effects: ある音の、音階やハーモニーにおける役割からくる性格を意味する. この言葉はトニック・ソルファの確立者であるカーウェン（Curwen, John 1816-1880）が使用していた.

69) McKenzie, Duncan, *op.cit.*, 1931, p.24.

70) McKenzie, Duncan, *op.cit.*, 1956, p.52.

71) *ibid.,* p.52.

72) *ibid.,* p. 23.

73) *ibid.,* p. 23.

74) ルソー著、増田真訳『言語起源論』岩波書店、2016、p.90. コンバリューは、この文の前の文章を先述書（Combarieu, 1893）に引用している.

75) 同上書、p.23.

76) le langage musical；音楽的言語・音楽語、表現手段としての音楽を意味していると考えられる.

77) Combarieu, Jules., *op.cit.*, 1893, p. 175.

78) *ibid.,* xxxi, "Conclusion ; quelques mots sur le livre de M. Mathis Lussy"（目次）, 本文pp.174-177.

79) *ibid.,* p. 174.

80) *ibid.,* p. 175.

81) *ibid.,* p. 175.

82) *ibid.,* p. 175.

リトミック教育におけるマテリアルに関する一研究
——E・J＝ダルクローズのレッスンノートの分析を中心に——

佐　藤　邦　子

A study on materials in Eurythmic education:
Focusing on the analysis of Dalcroze's lesson notes

Kuniko SATO

はじめに

現在、リトミックを実践しているレッスンや授業などにおいて、ボールやスカーフといったマテリアルはごく自然に使用されている。リトミックの指導書や、リトミック教室、子育て支援サークルなどのホームページやリーフレットにも、フラフープやロープなどを使用した写真やイラストが掲載されており、その使用頻度の高さが伺える。筆者もこれまで長年にわたるリトミックの学習、指導の経験を持つが、乳幼児から高齢者、障がい児・者などの対象を問わず、リトミックの実践では頻繁にマテリアルが使用されており、その種類や使用方法も実に多様である。

マテリアルを使用したリトミックの実践研究は、馬杉によるALD児を対象とし、「タオル」を使った事例[1)]、児童発達支援施設での「椅子」を使った事例[2)]などがある。馬杉は、教具（タオル）を使用することの有効性として、対象児の身体運動の可動域に広がりや、フォームの模倣や関節の動きの巧緻度が上がっている点、また楽しく活動できるといった活動の「動機づけ」を挙げている。また、入江は、「リズム楽器」に焦点を当て、保育におけるリズム楽器の活用の実態とその有効性について報告している[3)]。

リング（Reinhard Ring 1945-）、シュタインマン（Brigitte Steinmann）は、リトミック辞典の中で、マテリアルの同義語として「用具」[4)]に関する記述をしている。ここには、「リトミックの揺籃期には、用具はたまにしか役割を果たさなかったが、―ジャック＝ダルクローズはボール、棒、布を使った―、20年代になってリトミック教師の多くが、おもちゃ、鐘、トライアングル、ハンドドラム、バットなど、小さな楽器を使うようになった」[5)]とあり、エミール・ジャック＝ダルクローズ（Emile Jaques-Dalcroze 1865-1950 以下、J＝ダルクローズと記す）自身がすでにいくつかのマテリアルを使用し、1920年代以降、その使用頻度は高まったことがわかる。

今後、マテリアルの観点から、歴史的、実践的研究を進めることは、これからのリトミック教育の発展に意義あるものと考える。

1. 研究の目的と方法

　本研究では、リトミック教育におけるマテリアルの役割とその有用性を明らかにすることを目的にする。J＝ダルクローズ自身の実践から、マテリアルを使用したエクササイズを抽出し、その具体的方法、使用目的を分析、考察していく。

　J＝ダルクローズが実際に行ったエクササイズは、長年、ジュネーヴ・ジャック＝ダルクローズ音楽院でリトミック教師を務め、コレージュのメンバーでもあったマリー・ジョゼ・エクストレム（Marie-José Ekström-Julliard 1936-2023）によって編集された "Cours du Vendredi（金曜日のレッスン）" を使用する。

2. マテリアル（Matériel）について

2.1　用語について

　マテリアル＝Matériel（仏）は広義では、物質全般を指すが、教育場面においては「教具」を示すのが一般的である。「教具」は、教材と区別が難しく「教材、教具」として使われているようであるが、学校や就学前の保育・教育機関、また教科や領域によってその捉え方はさまざまである。教材・教具を狭義の「もの」とした場合でも、学校教育においては、児童が使用する副読本、ワークブック、楽器、図画工作の道具や材料などを指し、保育・幼児教育においては、玩具や木の実などの自然にある身近なものも含まれる。

　リトミックは、周知のとおり音楽学生のための音楽教育として始まったが、のちに保育、幼児教育、療育、療法、芸術分野で発展している。マテリアルを仮に「もの」としてとらえたとしても、その使用は教育場面に限るものではない。また、芸術表現分野で使用される可能性も視野に入れ、本論では、あえて Matériel ＝マテリアルを「教具」ではなく、そのまま「マテリアル」と使用する。

2.2　リトミック教育におけるマテリアルの役割と位置づけ

　領域や対象、さまざまなメソッドによってマテリアルの役割や位置づけは異なるが、教育分野においては、「単に言語だけの教育にとどめては抽象的にならざるを得ない教育内容を、視覚、聴覚、触覚など五感を通じて具体から本質をつかみ一般化することを可能にする物質資源」[6] であるという捉え方や、「教具はなくても授業はできるが、効果的に学習を進めるための道具という性格を教具は持っている」[7] と、あくまで学修を効果的に進める補助的な道具と捉える考えもある。

　リトミック教育においては、ジュネーヴ・ジャック＝ダルクローズ音楽院（Institut Jaques＝Dalcroze Genève）の学院長を長く勤め、自身も著名なリトミックの指導者であるシルビア・デル・ビアンコ（Silvia del Bianco）は、「リトミックは、音楽と動きが融合した教育である。そして音楽と動きをつなぐツールとして、『空間』、『グループ』、『マテリアル』がある」、と説明する。この3項目はすなわち「人・もの・場」といった教育の場における環境構成の柱である。その一つとしてマテリアルが存在していると主張している。また、同じくジュネーヴのリトミック指導者、研

究者のメアリー・ブライス（Mary Brice）は、「リトミックはすべての生徒のためのものであり、恵まれた知性の有無に関係なく、生徒の興味を引く豊かな環境と多様なマテリアルを提供する」、「学習中、教師はさまざまなマテリアルを使用して、各生徒が自分の私的能力を活用できるように促す」[8]と述べ、生徒の興味・関心を促し、知的能力を活用するためには、マテリアルが重要であるということを主張している。

　さらにリングらは、マテリアルに課された条件として以下を挙げている[9]。

・用具は、行動を誘発するもの、動きを刺激するもの、アイディアを提供するもの、構成を刺激するもの、表現を強めるもの、人間同士の間をつなぐものである。
・用具は、空間に対して、他の人々に対して、橋渡しをするものである。
・それらは、空間を分けるもの、空間における秩序を助けるものである。
・それらは、独自の色と形をもち、独自のダイナミクス、独自の音楽リズム、独自の響きを持っている。
・用具は、それを使って行動する人間の動きに応じて、消耗させることのないような練習や、身体運動を精密化することにつながる。
・用具は関係を媒介し、思考を刺激し、知識や言葉の能力を拡大する。手を使う魅力を増し、個人的な問題や抑圧を解放し、集中、没頭、リラックスの助けとなる。

　そしてこれらは同時に授業の目的となりうると述べている。すなわちマテリアルは、リトミック教育において、手段であり、目的であるということなのである。

　これらのことから、マテリアルはリトミック教育において重要な役割を担っていると考えられる。

3. 結果と分析

3.1 "Cours du Vendredi（金曜日のレッスン）" について

　ジュネーヴ・ジャック＝ダルクローズ音楽院の図書館は、J＝ダルクローズ自身によって書かれたレッスンノートを保存していた。この膨大な量の資料は現在 pdf 化され、2014 年にジュネーヴ図書館に寄贈されているが、それ以前の 1990 年後半、ジュネーヴのリトミック講師、エクストレムが、当時の学院長であったマリー・ロー・バックマン（Marie-Laure Bachmann）の依頼を受け、このノートの一部を整理、編集した。それが "Cours du Vendredi 1931-1932" として 1999 年、ジュネーヴ・ジャック＝ダルクローズ音楽院より出版された。[10]（図 1）

　以下、エクストレムによって書かれた序文の一部を示す。

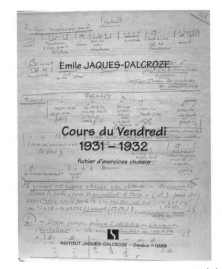

（図 1．"Cours du Vendredi 1931-1932" 表紙）

序文：

　　ジュネーヴ・ジャック＝
ダルクローズ音楽院の図書
館には、J＝ダルクローズ
の手による95冊の書籍の
形をした宝物があります。
これは今世紀初頭からの、
プラスティック・アニメ、
リトミック、ソルフェー
ジュ、即興の夏期講習、デ
モンストレーションなど、
彼のすべてのレッスンノー
トです。このお宝から、学

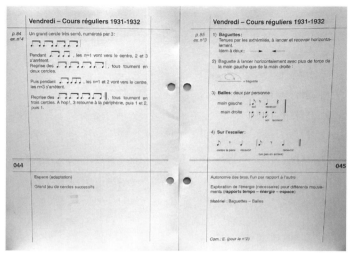

（図2．掲載内容）

院長であるマリー・ロー・バックマンが1931年から1932年のエクササイズを選び（700以
上の中から）、それを私に引き続き、理解しやすく、想像しやすい、大人のクラスでも使用
できるエクササイズを特定することを提案しました。

　そこで私は、この中から、大人のアマチュア、教師、時には2年生や3年生も参加可能な
リトミックコースに専念したものに着手することにしました。毎週、金曜日に行われていた
このレッスンは、"金曜日のレッスン"と呼ばれていたため、このファイルにそのタイトル
が付けられました。

　各演習は、オリジナルのページに従って時系列順に表示されます。（上部、黒で表示）。エ
クササイズの影響を受ける項目はページ下部に緑字で表示しています。（図2）。また目的の
エクササイズを選択できるようにするため、アルファベット順のインデックスも作りました。

　本研究では、この"Cours du Vendredi"に掲載されているエクササイズを分析に使用した。

3.2　マテリアルの解説

　本書掲載の223のエクササイズ中、マテリアルを使ったものは56あり、使用されたマテリア
ルは11種類である。フランス語名、日本語（訳名）、登場した回数、そしてエクササイズの内容、
イラストから推測されるマテリアルの形状、特徴を表にしたものを示す。

	仏名	邦名	回数	推測されるマテリアルの形状，特徴
1	cordes	ロープ	4	縄，ロープ，縄跳び
2	balles	ボール	11	テニスボール，あるいは同等サイズの小さいボール
3	tambourins	タンブラン	24	直径25センチ程度の小太鼓，フレームドラムのような木枠の片面に皮が張ってあるもの。手で叩く。
4	baton	棒（バトン）	10	80～90センチほどの棒

5	ballons	ボール	1	比較的柔らかい弾力のある大きめのボール
6	elastiques	ゴム	2	詳細不明
7	baguettes	バゲット（細い棒）	2	直径30センチ程の平たい棒状のもの
8	divers（percussion）	いろいろな打楽器	1	小太鼓，タンバリン，トライアングル
9	volants：matériel original	オリジナル素材	1	詳細不明
10	timbales	小太鼓	3	小さなティンパニのような，音程が変えられる小太鼓
11	cartons	厚紙	1	およそ25センチ四方の正方形の厚紙

　これらはほとんどが既製品であると考えられるが、⑪『cartons＝厚紙』のように素材を簡単に加工しているもの、また、⑨『volants』のように詳細は不明だが『オリジナル素材』も使用していたと考えられる。

3.3　エクササイズの内容、練習の目的、マテリアルを使用することの有用性

　マテリアルを使用したエクササイズ56すべてについて、ページ上段に記載されているエクササイズの内容（ダルクローズが考案し実践した内容）と練習の目的（エクストレムによる記載）、そして右欄にはマテリアルを使用することの有用性（筆者による記載）を表にまとめた。

　ここでは、使用頻度の高い4種、ロープ、ボール、タンブラン、バトンについて、結果と分析を示す。紙面の都合上、各マテリアルから3〜6のエクササイズを抜粋した。リズム譜は記載していない。また、エクササイズの内容、詳細不明な部分は一部削除し、内容を理解するために一部、補足説明を加えている。

①　ロープ

	マテリアル	エクササイズの内容（要約） エクササイズの影響を受ける項目 （エクササイズの目的）	マテリアルの有用性
No.2	ロープ	2人組，片手でロープを持ち，腕を規則的に揺らす。もう片方の手でリズムパターンを表現する。（4拍子のリズム掲載） 分離，自動性	・自動性の強化 ・動き（揺れる）の誘発
No.33	ロープ ボール	2人組で行う2：3の練習。Aは3を身体の動きで，Bは2の動きをロープで表す。1拍目はロープをピンと引っ張り，2拍目は緩める動きをする。 相反する動きと緊張の経験。	・筋肉感覚（緊張と弛緩）を刺激する ・人と人をつなぐ，協調性
No.113	ロープ	2人が縄跳びを持ち，八分音符で走り，ホップの合図で次の拍で縄跳びを床から5〜10センチのところで止め，止まる。Bは縄を飛ぶ。（4拍子のリズムパターン掲載） 3人での練習，誘発と抑制	・身体運動の誘発，刺激 ・身体運動の精密化 ・視覚的刺激

ロープは形状や素材の特性から、左右に「揺らす」、「引っ張る－緩める」といった動きに使用されている。「揺らす」は、揺らす動きを継続的に行うことで自動性の練習に使用している。また、ロープの両端を持ち、引っ張ったり緩めたりすることは、緊張と弛緩を直接的に筋肉感覚でとらえることができる。さらに造形的な表現(姿勢)や動きの誘発と抑制を鍛える訓練としても使用している。

創造的な身体造形、姿勢、誘発と抑制を鍛える練習としては、ほかのマテリアルに代替が可能であると考える。一方で、揺らす、緊張と弛緩を経験するためには代替えが難しく、ロープがエクササイズの目的を達成するのに適格なマテリアルと考えられる。

② ボール

No.4	ボール（小）	徐々に長くなるリズムフレーズのはじめでボールを投げ，おわりでキャッチする練習。 時間—空間—エネルギーの関係	・時間－空間－エネルギーの関係
No.49	ボール（大）	3拍子のカノン，ステップ，投げる，ヒザでキャッチ ボールでカノン エネルギーと空間，エネルギーと時間の関係	・エネルギーと空間，エネルギーと時間の関係 ・動きの誘発
No.184	ボール（小）	拍（付点四分，四分，二分音符）をステップし，補足リズムでボールを投げて取る。次に4拍子のリズムフレーズをステップし，1拍目でボールを投げ，4拍目でキャッチする。 補足リズム，時間－空間－エネルギーの関係	・時間－空間－エネルギーの関係
No.206	ボール（小）	2人組，八分音符12個をそれぞれ思い思いの方向にステップし，付点二分（2つ）でボールを交換する。 カノン，空間－エネルギー（評価），2人組	・人と人をつなぐ，適応能力，協調性 ・空間－エネルギーの関係
No.221	ボール（小）	右手から左手，左手から右手にボールを同時に投げる練習。その後，リズムフレーズでつくー取る，投げるの組み合わせ。 調整，分離，エネルギー空間の関係	・空間－エネルギーの関係 ・動きの調整，器用さ

ボールは、小さいボール＝Ballと大きいボール＝Ballonの両方を合わせて、56中11のエクササイズで使用されている。投げる－取る、床につく－取る、転がすといった動きに使われている。ボールを使用するエクササイズのほとんどすべてが「時間—空間—エネルギー」の学習を目的としている。また、ボールを右手から左手に投げて渡す、膝でキャッチするなど、運動能力、器用さ、動きの調整能力を刺激する方法が目立つ。エクササイズの方法と目的からボールは、使わない、あるいは他のマテリアルで代用が不可能であると考えられる。

③　タンブラン

No.43	タンブラン	不等拍。タンブランを使った1小節のカノン。 14の16分音符の2〜5のグルーピングによる不等拍の練習（カノンを含む）。記憶，頑強性，リズムの正確さ，スーパーポジション，重なり	・正確さの強化 ・音の響き ・触覚刺激
No.86	タンブラン	2人組。タンブランでリズムを1音ずつ交互にたたく。 集中力，正確さ，2人組，テーマ，交互に演奏する	・音のタイミングの正確さ ・協調性 ・音の響き
No.87	タンブラン	5つの八分音符の5つ目，次は4つ目・・の長さを半分にしたリズム。短くした音符でタンブランをたたく。 システマティックなアクセントの移動，集中力，正確さ	・集中力 ・リズム表現の正確さ ・音の響き ・触覚刺激
No.108	タンブラン	休符。ジャンプとタンブラン 2つの八分音符の前，真ん中，後ろに休符を入れたリズム。ステップ，タンブランでたたく。カノン，列，跳躍	・高度なメトリカルな訓練，精密さ ・音の響き ・触覚刺激
No.179	タンブラン	12の8分音符，2声のリズムフレーズをタンブランとステップで同じリズムを12/8 ⇒ 3/2で。 ポリリズム（12個の8分音符），トランスフォーメーション（12/8-3/2）	・メトリック練習 ・音の響き ・触覚刺激
No.197	タンブラン	四分，二分，付点二分，全音符にそれぞれ紐づけられたリズムを身体の動きで表現する。四分，二分，付点二分，全音符によるリズムフレーズをタンブランで，対位法を即興で行う。 適応力，四分から全音符までの音価によるリズムの対位法，リズム即興，身体反応。	・即興演奏 ・リズムの正確さ ・音の響き

　タンブランは、マテリアルを使用している56のエクササイズ中、24と一番高い頻度で使用されている。いわゆる演奏楽器としての使用は少なく、クラップ（手をたたく）で代用できる活動を、タンブランを使って行っている。タンブランを使用したエクササイズの目的は、2:3、3:2、カノン、不等拍、ポリメトリー、ポリリズムなど、高度なメトリック練習に使用されている。特に分離（ディソシアシオン）の練習が多い。また身体造形、ロンドなどの踊りでの創造的な活動でも使われている。

　代替えについては、手に持ち、動きながら奏でることができる楽器であれば可能であると考えられる。

④　バトン

No.12	バトン	2人で1本のバトンを持つ。Aが後ろに歩き，Bはついていく。フレーズの変化により方向を変える。 受け入れることあるいは創造すること。動きの方向性	・方向の明確化，触覚，視覚によって相手の考えを受け入れる，フォローする。
No.26	バトン	Aがバトンをある位置で持つ。Bがバトンのポジションを変えずに，棒に寄りかかる。役割を変える。 身体と空間の発見。バトンを伴った姿勢。	・空間認知，身体認識の明確化
No.90	バトン	Aがバトンを持ち，4歩走り，5歩目で止まってバトンを床近くに水平に置く。Bは次の音でバトンを飛び越える。 5，4，3の8分音符，ジャンプ	・動き（ジャンプ）の誘発
No.125	ボール，バトン	3人での練習。A2人がバトンを持ち，3歩ステップの後，バトンを水平にして止まる。Bはボールを棒の上に投げ，取る。 3人での練習，動きの調整，空間とエネルギーの関係	・協調性 ・動きの誘発 ・高さ（空間）とエネルギーの関係を視覚により明確化する。
No.202	バトン	2人で1本のバトンを持つ。リズムに合わせAは前方，後方に棒でBを押したり引いたりする。 相手に適応する，方向，交替，2人組	・動きの適応 ・直接的な動きの伝達
No.219	バトン	バトンを使ったカノン。全音符×4，二分音符×4，四分音符×4のリズムリズムフレーズを，バトンを使った4つのジェスチャーで行う。全音符1つ遅れのカノンで行う。 カノン（音価の減少），ライン，遊び，ジェスチャー	・アイディアの提供，表現，創造性の向上

　バトンは、ロープやボールと一緒に使用するもの、また「バトンまたはタンブラン」といった代用可能なものを含めて11のエクササイズで挙がっている。使用の目的は、姿勢、ジェスチャーなど、創造的な身体の造形、バトンの上を飛ぶといった運動機能、空間—エネルギーの関係の練習に使用されている。身体造形の場合は、一人1本だが、2人、3人で1本、または2本を共有して使用するものが多い。

4. 考察

　これまでに得た知見、分析結果から、リトミックに用いるマテリアルに関する考察を以下の3点にまとめる。
　1点目は、マテリアルは、ダルクローズ自身のレッスンノートにその使用が記録されているこ

とから、リトミック教育の歴史の始まりから使用されていること、リトミック教育の創成期、揺籃期にはその使用はごく稀であったが、その後の成熟期には、ダルクローズ自身、またダルクローズの弟子によって、マテリアルは頻繁に使われていることがわかった。

マテリアルの種類は、このノートに記載されているものに限っても、11 アイテムと多くのものをレッスンで使用している。このことからマテリアルは、リトミック教育の発展とともにその重要性は増してきたと言える。

2 点目は、各マテリアルの有用性についてである。

『ロープ』は、形状が変化するという特性から、自動性、筋肉の緊張と弛緩を直接的に感じること、創造的な表現を高めるなど、その有用性はバリエーションに富んでおり、さまざまな手段、目的に使える万能なマテリアルである。

『ボール』は、ボールを使用するほとんどすべてのエクササイズの目的（＝影響を受ける項目）が、「時間－空間－エネルギーの関係」であり、エクササイズの目的とマテリアルの有用性が完全に一致している。このことから、ボールは「時間―空間―エネルギー」の学習になくてはならないアイテムであると考えられる。「時間―空間―エネルギーの関係」は、J＝ダルクローズのリズム教育の基本であり、ボールはこれを効果的に体得するための重要なマテリアルであると言える。またボールの、弾む、転がるといった特性は、身体の大きな筋肉を使う全身運動と、それを扱う器用さを鍛えるのにふさわしい。

『タンブラン』は、高度なメトリック練習に使われていることから、リズムの精密で正確な表現に不可欠なものとして扱われている。クラップでも十分に学習効果が得られると考えられるが、タンブランを使用する理由は、音を出すということの意識づけ、音の質、楽音へのこだわり、触覚刺激を重視した結果ではないかと考える。

『バトン』は、方向、空間認知、動きの誘発、創造性の向上など、その有用性は多岐にわたっている。また、二人で 1 本のバトンを持ち、エネルギーや方向性を伝える、受け取るといった、人と人の間を取り持つアイテムとしても効果を発揮している。

3 点目として、マテリアルを使用するエクササイズは、2 人、3 人、あるいはグループで行うことが多いことに着目する。マテリアルは自己の音楽表現を助長するだけでなく、マテリアルを他者と共有することで自分の音楽解釈を他者に伝えることや、他者の解釈を受容するといったコミュニケーション能力を向上させ、さらには新たな創造の世界へ導くことを可能とする存在であると考える。

これらのことからマテリアルは、リトミック教育において、重要な役割を担っているといえる。また音楽と動きをつなぐツールである「空間－グループ－マテリアル」はそれぞれ独立しているのではなく、関わりあって存在することでその効果を最大限に発揮するということが考えられる。

おわりに

本研究では、リトミック教育の成熟期といえる 1931-1932 年、60 代の J＝ダルクローズが実際にどのようなマテリアルをどのような方法で使用したのか、エクストレムがまとめた膨大な仕事に若干の分析、考察を加えることで、リトミックにおけるマテリアルの役割とその有用性の一端

を示した。しかし、リトミック教育におけるマテリアル研究としては、これはごく一部であり、全容を明らかにするにはたくさんの課題がある。今後はマテリアルの現在に至るまでの使用の変遷、マテリアルを使用した実践研究などを通し、この研究を深めていきたい。

　最後にこの貴重な資料を残してくれたマリー・ジョゼ・エクストレムに感謝の意を表したい。彼女は "Cours du Vendredi" の序文で、本書を「作品」と表現し、「この作品は私にとって魅力的であり、生きた人間を復元するという点でも私に向いていました。信じられないほどの "Vivant"（＝生きる力）を備えた想像力豊かな生きた人間を復元する作品でもあるので、この作品が大好きです」と述べ、「現在および将来の同僚に、リトミックの創始者の並外れた創造性を反映した、忠実に復元され、わかりやすい実用書を提供したい」とのべ、熱い想いを持ってこの偉業を成し遂げた。本稿執筆中に彼女の訃報が届いた。将来の同僚として、心からのご冥福と感謝の気持ちを伝えたい。

注および引用・参考文献

1）　馬杉知佐「ASD 児に対する教具の有効性 −リトミックレッスンにおいて−」,『比治山大学短期大学部紀要』第 53 号，2018
2）　馬杉知佐「児童発達支援教室における椅子を用いたリトミックレッスンの実践」,『比治山大学短期大学部紀要』第 56 号，2021
3）　入江眞理「保育におけるリズム楽器の活用に関する研究 ―保育の現状とリトミック実践からの検討−」,『スポーツと人間：静岡産業大学論集』4 巻 1 号，2020
4）　用具（Geräte）：遊び道具，手持ち用具，マテリアル，リトミックマテリアル，オブジェと同じ意味で用いられる〜と記載されている。ラインハルト・リング，ブリギッテ・シュタインマン編著，河口道朗・河口眞朱美訳,『リトミック事典』，開成出版，pp.102-103, 2006
5）　同上書，p.103, 2006
6）　『新教育学大辞典』，第一法規出版株式会社，pp.438-440
7）　新現代学校教育大辞典，株式会社ぎょうせい，pp.353-354
8）　Brice Mary *Pédagogie de tous les possible... La Rythmique Jaques-Dalcroze* Edition Papillon, 2012, p.29
9）　前掲書，ラインハルト・リング，ブリギッテ・シュタインマンpp.103-104，2006
10）　Marie-José Ekström-Julliard *Cours du Vendredi* Institut Jaques=Dalcroze Genève 1999

ダルクローズ・ソルフェージュにおける
3音列の実践に関する一考察

鈴 木 顕 子

A Study of Practice of Trichords in Dalcroze-Solfége

Akiko SUZUKI

1. はじめに

　ジャック＝ダルクローズの音楽教育は、リトミック（リズム運動）、ダルクローズ・ソルフェージュ、即興演奏の三本柱から成り立っている。この三本柱はそれぞれが独立しているわけではなく、それぞれ密接に関わり合ってこの教育を成している。

　ダルクローズ・ソルフェージュは一般的なソルフェージュと区別してそのように呼ばれることもある。『ニューグローヴ世界音楽大事典』には、ソルフェージュは、「本来は、音階や音程、練習用旋律を階名で歌うことを指す語」とある[1]。また、平凡社の『音楽大事典』には、「音楽基礎教育の1つで、旋律や音階などを母音のみ、あるいは階名で歌うこと。ソルフェージュの学習は音程、リズム、音部記号などの練習を含み、各国で初等音楽教育に取り入れられている。」とある[2]。一般的なソルフェージュの授業では視唱することが中心となり、音程やリズムを正確に歌うことが求められる。それに対し、ダルクローズ・ソルフェージュは一般的なソルフェージュとはおもむきが異なる。

　ジャック＝ダルクローズは、「すぐれた音楽教育法というものはすべて、音を出すことと同じく、音を「聴くこと」の上に築かれねばならない」と考えた[3]。また、ジャック＝ダルクローズはソルフェージュについて以下のように述べている。「〈ソルフェージュ〉の学習が目覚めさせるのは一音の高さの段階と相互関係（調性）の感覚とそれぞれの音色を識別する能力である。この学習は、生徒たちに、すべての調でのメロディーとその随伴旋律、あらゆる性質のハーモニーとその組み合わせを聴いて、頭の中で思い浮かべ、楽譜を読んですぐに即興で声に出して歌ったり、記譜したり、作曲したりすることを学ばせる。」[4]

　ダルクローズ・ソルフェージュでは「聴くこと」に重きが置かれている点が、視唱が中心の一般的なソルフェージュと大きく異なる点だと考えられる。

　ジャック＝ダルクローズはソルフェージュに関する教本『ダルクローズ・ソルフェージ』第1巻冒頭の「総論」で以下のように述べている。「教師が最初に配慮すべきことは、全音と半音の相

違を、生徒によく解らせることである。〜中略〜生徒が全音と半音の相違を聴き分けられるように
なったならば、音階の比較研究を始めるのがよろしい。〜中略〜それぞれの音階は、常に一定
の順序をもった全音と半音の連続した音型によって成立しているので、その聴音では、ある音階
とある音階の主音の高さによって、生徒は何音階であるかということを知ることができる。〜中
略〜音階を理解してしまうと、あと残された音楽的な学習といえば、〜中略〜音程─中間音のな
い音階の断片。和音─音階音の重複。解決─不安定な音階音が安定した音階音へ進行して協和す
る快感。転調─ある音階から他の音階への連携。」[5]

　ジャック゠ダルクローズは学習内容に「音列」を挙げていないが、『ダルクローズ・ソルフェージ』
には数多くの音列の練習が掲載されている。「音列」を用いた実践について検討するために、彼の
ソルフェージュに対する考えを整理するとともに、現在、ダルクローズ・ソルフェージュにおけ
る音列に関する研究で明らかになっていることを示す。それらを踏まえたうえで、筆者が音楽指
導者対象に実践している 3 音列の練習を紹介し実践の可能性と有益性を考察していきたい。

2. ダルクローズ・ソルフェージュ

　デュトワ゠カルリエは、ジャック゠ダルクローズのソルフェージュに関して、「彼[6]は、内的な
聴覚を呼び起こし、強めるために巨大な量の練習曲を作曲する。〜中略〜ハーモニーとソルフェー
ジュは、生きた、つまり内的な聴覚を創り出すためにたいへん重要な二つの部門となる。」[7]と述
べている。また、「和声やソルフェージュとかは、純粋に知的なもの、頭脳的なものとは程遠く、
生きているもの、感じとるものである。動きであり、生である。理論の勉強に一生懸命になって
はいるが、彼[8]の生徒たちは、感じることができる音楽家なのだ。」[9]。さらにデュトワ゠カルリエ
は、エルンスト・アンセルメの言葉を引用している。「彼[10]は、普通もっとも無味感想だったソル
フェージュを、生き生きとしたものにつくりかえた。」[11]

　また、板野平は自身が訳した『ダルクローズ・ソルフェージ』第 1 巻の訳者のはしがきで以下
のように述べている。「ジャック゠ダルクローズのソルフェージュは〜中略〜与えられた音を聞い
たり、読んだり書いたりするばかりでなく与えられた音の上にたって次の新しい音を生徒自身が
生み出し、つくり出してゆくよう即興的、創作的に展開させる試みをしているソルフェージュをた
だ単なる練習としないで興味深いものとすること、直接演奏への培いを生徒に与えるということ、
音をより深く実感することなどの教育的意味をもたせる意味からもこの試みは高く評価されるべ
き方法であるように思われる。」[12]

　以上から読み取れるように、ジャック゠ダルクローズは音そのものを聴き、感じ、そしてつく
り出すというソルフェージュ教育を『ダルクローズ・ソルフェージ』の中で展開した。

　『ダルクローズ・ソルフェージ』の内容は、山下・井上によると、「①楽典的な説明、②固定ド
による音名唱法の練習課題、③数字唱による階名唱法の練習課題、そして④表現にかかわる法則
の説明と練習課題の 4 つに分けられる」とある[13]。内容を巻ごとにみると、第 1 巻では長音階、第
2 巻では 2 音列から 6 音列と半音階、第 3 巻では 7 音列と短音階及び転調を中心に学ぶ構成になっ
ている。同時にフレーズやニュアンス、アクセントについても学ぶ。

　ジャック゠ダルクローズは、第 2 巻の冒頭で「全ての長音階の構成を学んだ後、音階の断片で

ある2音列、3音列、4音列、5音列、6音列、7音列を学ぶことを始める」と記し[14]、多くの音列の練習を設けている。それらは「音階と調性」を学ぶためにジャック＝ダルクローズが作曲した。リングは、「『ダルクローズ・ソルフェージ』の音列の練習は体系的に構成されている」としている[15]。一方で五味は、「音列を中心とした訓練が多いために、気楽にとりくめる内容ではないきらいがある。」[16]と述べている。『ダルクローズ・ソルフェージ』は体系的に構成されているとは言え、練習の方法や目的を理解して学ぶのは容易なことではないと考えられる。

　私たちが今日学んでいるダルクローズ・ソルフェージュは、指導者が生徒としてレッスンを受け学んだ内容や、指導者が『ダルクローズ・ソルフェージ』から読み取った内容、それらに指導者自身がアイディアを加え、さらには指導者が新たに生み出した内容、それらが他者へと受け継がれながら変化してきたと考えられる。

　筆者は国立音楽大学在学中、『ダルクローズ・ソルフェージ』を使ったソルフェージュの授業を受けたが、卒業後にこのメソードを学び続ける中でこの教本を使用したレッスンを受ける機会は全く無かった。しかし後になって『ダルクローズ・ソルフェージ』を確認したところ、指導者たちは『ダルクローズ・ソルフェージ』を原典のままではなく、その内容を踏まえ自分なりの方法で実践していることがわかった。

　リングとシュタイマンは、「ジャック＝ダルクローズは教科書[17]をいつも授業の補足にしか使わなかった。また練習内容は常に更新された。彼のアスペクトの中心は、さまざまな規則にではなく、音楽体験にこそあったのである。」[18]と述べている。清水は、「ダルクローズは、ソルフェージュの教本『ダルクローズ・ソルフェージ』の中で、その方法や旋律、練習問題を具体的に示している。しかしながら、ダルクローズがこの方法を提唱してからおよそ100年の歳月が経っており、また教本自体も一見難解であることから、原典のまま現場で活用することは困難であると思われる。彼の考え方をベースとして誰にでも分かりやすい方法を模索していく必要があろう。」と述べている[19]。リングとシュタイマンや清水が述べていることを鑑みると、指導者はジャック＝ダルクローズの考え方のベースとして『ダルクローズ・ソルフェージ』を用い、自身のソルフェージュを展開するのが望ましいと考えられる。

3. ダルクローズ・ソルフェージュにおける音列に関する先行研究

　ダルクローズ・ソルフェージュにおける音列に関する研究や実践例を順にみていくこととする。
　板野平は国立音楽大学付属中学校で行った授業の実践記録を記している。ソルフェージュの章には6つの項目があるが、音列という項目は設けられていない。しかし、音程の練習[20]及び三和音を旋律的に歌う練習[21]に音列を用いている[22]。

　五味は、『ダルクローズ・ソルフェージ』の全体像を概観する中で、「音列による練習は、一種の読譜訓練であると同時に、和音の中でどのような音列かを理解する和声感覚あるいは調性感の訓練でもある」と述べている[23]。

　R.エイブラムソンは著書『音楽教育メソードの比較』において、ジャック＝ダルクローズが示した2音列から7音列の練習について紹介し、「7つの音のグループ（七音列）と、それを異なる三音列に分けることをもって一連の学習が終わるまでには、和声学や種々の短音階を学ぶ準備が

整う。ジャック＝ダルクローズは、あらゆる三和音・七の和音を作り出すのに、様々な音階の〈細胞〉を使い、和声を分析・統合していく段階に到達した。」[24]と述べている。

　また、平島は2008年の論文で、ダルクローズ・ソルフェージュの目的について項目を述べたうえで、幼児期にはどのように展開ができるのか、音楽教室の実践を基に11の実践法を述べている。このうちの1つに音列があり、3音列と5音列の実践を紹介している[25]。

　板野晴子は、旋律の即興を活用したソルフェージュに関する研究を行い、『ダルクローズ・ソルフェージ』から即興的な練習を抜粋し分類、分析している。この中に「3音列の即興練習」[26]と「4音列の即興練習」[27]が示されている。

　清水は、ダルクローズ・ソルフェージュの特徴についていくつかの観点から分析した後、ダルクローズ・ソルフェージュの主要な学習項目を取り上げ、その解釈と実践への応用について具体例を紹介しながら述べている[28]。この項目の1つに音列があり、音列を学ぶ理由や利点を6点述べた上で2音列と3音列を例に指導の実例を紹介している。

　山下・井上は、ジャック＝ダルクローズが数字唱をソルフェージュ指導全体の中でどのように位置づけていたのかを彼の著作物の検討から明らかにした上で、数字唱の意義と課題を論じている[29]。この中で音楽大学学生に主和音と属和音を意識させるために、音階の「1-2-3-4-5」、「5-4-3-2-1」という5音列を数字唱で歌う活動を行い、その有効性について分析している[30]。

　Henkeは音楽大学の学生のソルフェージュ授業として4音列がテーマの実践を紹介している[31]。

　Stevensonはソルフェージュのレッスンの実践として、長音階の三和音を理解するために3音列を用いる練習を紹介している[32]。

　以上から読み取れるのは、音列の練習は、音階と調性を学ぶうえで必要な半音と全音の位置関係を確認する役割を持ち（平島1995）、音列そのものを体験し学ぶ練習もあった一方（Henke）、音列を使って「音程」を学ぶ（板野平・清水）、「和音」を学ぶ（板野平、R. エイブラムソン、Stevenson）、「解決」を学ぶ（清水、平島2012、山下・井上）、というように、音列以外の音楽の要素を学ぶために音列が用いられることが多くみられた。「音程」、「和音」、「解決」はジャック＝ダルクローズが音楽的な学習として挙げたものである。「転調」についての記述は見当たらなかった。これらの練習は五味が述べているように和声感覚あるいは調性感を養うための練習だと考えられる[33]。音列を用いた即興も研究されていた（平島2012・清水・板野晴子）。

　ここまでを踏まえたうえで、4章では筆者が実践しているダルクローズ・ソルフェージュから3音列の練習に焦点をあてて紹介しながら、その内容について考察を行う。対象者は全員ピアノやリトミック等を教える音楽指導者である。

4.　3音列を用いた実践

4.1　3音列による音階

　ダルクローズ・ソルフェージュのレッスンで、「ハ長調の3音列を歌いましょう」と指示があった際、ダルクローズ・ソルフェージュをある程度学んでいる人であれば、音階に沿って「ドレミ、レミファ、ミファソ…」と連続した3音を順に歌うであろう。

『ダルクローズ・ソルフェージ』でジャック＝ダルクローズは、音階には 7 つの 3 音列がある
としたうえで、練習 1 として下記の 3 音列の譜例を載せている（譜例 1）[34]。

譜例 1 3 音列による音階（出典：『ダルクローズ・ソルフェージ』第 2 巻 p.12）

4.1.1 3 音列を用いて上行し下行する音階

譜例 1 の 3 音列を基本とし、これを使いどのような練習ができるかを考えたい。『ダルクローズ・
ソルフェージ』では、練習 1（2 巻 p.12）を応用した練習 2 ～ 4（2 巻 p.12）を載せているが、音列
の練習に初めて取り組む受講者の負担を少なくするために、本書より歌いやすく考えたものを譜
例 2 に記す。3 音列を上行した分下行しながら歌う練習である。音列は方向性も重要であるため、
手で上行と下行の方向を表しながら歌う。

譜例 2 音階を上行し下行する 3 音列（筆者作成）

4.1.2 音階を下行する 3 音列

音階を上行し下行する 3 音列を経験した後、音階を下行する 3 音列を取り上げる（譜例 3）。

譜例 3 音階を下行する 3 音列（筆者作成）

　音階を上行し下行する 3 音列を歌うことなく音階を下行する 3 音列の練習を行ったところ、戸惑いすぐに歌えない受講者が多く見られた。その理由は、音階の基準となる音を 1 拍目で歌わないため、3 音列の 1 音目に何を歌うか予測が難しかったと考えられる。音階を上行し下行する 3 音列を歌うという段階をはさむと、音階を下行する 3 音列をかなりスムーズに歌うことができた。加えて、ホワイトボードに記譜して視覚的に確認しながら行ったところ、良い結果を生んだ。

　ここまでの練習は拍子やリズムを変えて行うのが望ましいと考える。

4.1.3　リトミックの要素を取り入れたゲーム

　上記の練習を十分に行った後、リトミックの要素を取り入れたゲームを実施したので紹介する。リトミックの課題の一つである「縮小」[35) の要素を取り入れたゲームの一例である。

・指揮をしながら譜例 4 に示されたリズムを用い音階を上行する 3 音列を歌う。「ヒップ」[36) の掛け声で次の 3 音列を 2 分の 1 の音価に縮小して 2 回歌う。

・同様に「ホップ」[37) の掛け声で 2 倍の音価に拡大することもできる。この場合は小節をまたいだリズムを歌うことになる。

譜例 4　音階を下行する 3 音列に縮小を加えたゲーム（筆者作成）

　リトミック（リズム運動）の手法である即時反応を取り入れることにより、歌うのみならす合図をよく聴く必要が生じる。即時反応は集中力が必要になるため緊張感を生むと同時にレッスンに活気をもたらすことができる。また、リトミック（リズム運動）で学んだ内容をソルフェージュで別の方法で取り入れることにより多角的な学びになる。この練習はリトミック（リズム運動）で縮小・拡大の課題を体験した後に行うのが望ましいと考える。

4.2　即興唱

　ジャック＝ダルクローズは音列の練習を進める中で、多くの即興練習を設けている。『ダルクローズ・ソルフェージ』では 3 音列と 4 音列の項目において、指定されたリズム型を用いて 3 音列（あるいは 4 音列）だけで出来た旋律を即興でつくるよう求めており[38)、即興練習を目的とした多くのリズム型が紹介されている[39)。決められたリズム型を使うことでいろいろな音から音列を歌う練習が可能となる。ジャック＝ダルクローズは、3 音列と 4 音列のリズム型の練習のそれぞ

れ最後で、リズム型を使わずに即興するように求めている[40]。

4.2.1　楽曲を用いた即興唱

　本稿では、楽曲を用いた即興練習を紹介する。使用曲はバイエル 104 番（譜例 5）であり、3 音列を使ったモチーフが特徴の曲である。この曲の 1 小節目のリズムをリズム型として用いる。

譜例 5　ピアノ教則本 104 番　バイエル作曲（一部抜粋）

・バイエル 104 番を 8 小節目まで歌い、それに続く 8 小節を主音で終わる旋律を即興で歌う。バイエル 104 番と同様、付点 4 分音符等も加えて良いことにすると、自然なフレーズを作ることができる（譜例 6）。

譜例 6　バイエル 104 番のリズム型を用いた 3 音列の即興の例（筆者作成）

・バイエル 104 番の旋律にとらわれず、リズム型を用いて主音で終わる旋律を即興で歌う。
・2 人で行う。1 人目はリズム型を用いて問いのフレーズを即興で歌う。2 人目は答えのフレーズを即興で歌い主音で終わる。

　練習を既存の楽曲と結びつけることにより、音楽活動が生き生きと豊かなものになると筆者は考える。楽曲をヒントに旋律の作り方やフレーズ感、和声感、ニュアンス等を学ぶことができ、即興に活かすことができる。実際にこの曲を用いて譜例 6 のような即興を行ったところ、生き生きと音楽的に歌う受講者が多く見られた。

4.3　三和音

　三和音には長三和音、短三和音、減三和音、増三和音の 4 種類がある。3 音列を用いて三和音

を分解して歌うことで、4 種類の三和音の構成の違いを明確に理解することができる。

　ジャック＝ダルクローズは「5 音列を二つの 3 音列に分解することができ、この 5 音列の研究は、ひじょうに重要だ」と述べている [41]。エイブラムソンは、「五音列は、2 つの三音列に分けられたとき三和音を形成し、様々な音階音から始まる五音列が、それぞれ異なる三和音を形成する」[42] とし、長三和音と短三和音の構成を説明している。ジャック＝ダルクローズは特に三和音について言及していないが、三和音へ結びつく練習だと考えて良いだろう。

4.3.1　4 種類の三和音を歌い分ける練習
　・ピアノで弾かれた三和音の構成音を 2 つの 3 音列に分解して歌う（譜例 7）。
　・いろいろな音の上に三和音を作り、練習する [43]。

譜例 7　4 種類の三和音を旋律的に歌う練習（筆者作成）

　三和音の構成音を分解し 3 音列を用いて歌うことにより、4 種類の三和音の違いが理論的に明確になる。一方でダルクローズ・ソルフェージュでは、4 種類の三和音を分析して歌うだけではなく、それぞれの響きの違いを聴いて感じる練習も必要である。三和音を学び初めたばかりの受講者の中には、長三和音と短三和音の聴き分けはできても、減三和音と増三和音を含めた 4 種類の聴き分けが難しい受講者が多くみられる。しかし、響きを聴くことに加えて譜例 7 のような練習も行うことにより感覚と理論が結び付き、三和音の響きの違いを感じ取ることができるようになった受講者も一定数みられた。感覚と理論を結び付けた実践は良い効果をもたらすと筆者は考える。

4.4　長音階の 3 音列を歌い主音に解決する練習
　3 音列には長 3 音列と短 3 音列の 2 種類があり、長 3 音列は全音と全音、短 3 音列は全音と半音あるいは半音と全音の組み合わせでそれぞれ構成されている。長音階では、長 3 音列は音階のⅠ、Ⅳ、Ⅴの音の上に、短 3 音列で全音と半音の組み合わせはⅡ、Ⅵの音の上に、短 3 音列で全音と半音の組み合わせは音階のⅢ、Ⅶの音の上に位置している [44]。
　長音階の 7 つの 3 音列は以下のように分けられる。
　長 3 音列　全音と全音　　ⅠⅡⅢ　　ⅣⅤⅥ　　ⅤⅥⅦ

短 3 音列　全音と半音　ⅡⅢⅣ　ⅥⅦⅠ
短 3 音列　半音と全音　ⅢⅣⅤ　ⅦⅠⅡ

上記を理解したうえで、以下の練習を行う。

4.4.1　3 音列を歌い主音に解決する練習①

・長 3 音列のⅠⅡⅢ、ⅣⅤⅥ、ⅤⅥⅦを歌い主音に終止する練習である。3 音列を歌った後に
その最後の音から主音まで音階の音を埋める方法で歌う（譜例 8）。ピアノで和音を補うよう
に弾くことによってドミナントからトニックへ解決する力を感じ、和声感を育むことができ
る。

譜例 8　3 音列を歌い主音に解決する練習例①（筆者作成）

・十分に歌うことに慣れたら、ピアノで弾かれる 3 音列と補われた和音を聴き、どの組み合わ
せにあたるかを聴き分け 3 音列を歌う。
・短 3 音列（全音と半音）のⅡⅢⅣ、ⅥⅦⅠ、短 3 音列（半音と全音）のⅢⅣⅤ、ⅦⅠⅡも同様
に行う。

4.4.2　3 音列を歌い主音に解決する練習②

・同じ音の並びの 3 音列を異なる調性に属していると考え歌い分ける（譜例 9）。上記の練習①
と同様、ピアノはドミナントからトニックへの和音を補うように弾く。

譜例 9　3 音列を歌い主音に解決する練習例②（筆者作成）

・十分に歌うことに慣れたら、ピアノで弾かれる 3 音列と補われた和音を聴き、どの組み合わ
せにあたるかを聴き分け 3 音列を歌う。
・短 3 音列（全音と半音）のⅡⅢⅣ、ⅥⅦⅠ、短 3 音列（半音と全音）のⅢⅣⅤ、ⅦⅠⅡも同様
に行う。

　筆者が行った 3 音列の練習の中で、混乱する受講者が一番多くみられたのがこの練習である。
ドミナントからトニックへ解決する力を感じ、自然に引っ張られる先に落ち着く音が主音になる

が、初めのうちは響きを感じることが難しい受講者が多くみられた。しかし、この練習を含めた
ダルクローズ・ソルフェージュの練習を継続していくことにより、だんだん主音に引っ張られ着
地する感覚が持てるようになった、という感想が多くの受講者から聞かれた。

5. おわりに

　以上、筆者が音楽指導者を対象に実践しているダルクローズ・ソルフェージュにおける 3 音列
の実践を紹介しながら、その内容について考察を行い、実践の可能性と有益性を示すことができ
た。
　「はじめに」で板野平が述べた「音をより深く実感すること」は、ダルクローズ・ソルフェージュ
における 3 音列の学びにもあてはまる。それはただの 3 つの音の並びではなく、それぞれの 3 音
列の形の違いや持つ意味、音階の中の役割等を感じ理解できるような「音をより深く実感する」
学びが必要であると考える。感覚的な理解と理論的な理解の両方の実践によって、より深く音を
実感することができると考える。今回取り上げた音列を含め、他のダルクローズ・ソルフェージュ
の学習内容についても引き続き実践の可能性や有益性を検討し、研究を継続したい。

注および引用文献

1) Jander, Owen; 斎藤 令「ソルフェージュ」『ニューグローヴ世界音楽大事典』講談社第 10 巻 (1994) p.118
2) 薗田 誠一; 渡　鏡子「ソルフェージュ」『音楽大事典』平凡社第 3 巻 (1982) p.1391
3) エミール・ジャック＝ダルクローズ『リトミック論文集　リズムと音楽と教育』板野平監修、山本昌男訳
　　全音楽譜出版社 (2003) p.32
4) 前掲書 3) p.79
5) エミール・ジャック＝ダルクローズ『ダルクローズ・ソルフェージ　音階と調性・フレーズとニュアンス(全
　　3 巻)』第 2 巻　板野平、岡本仁訳　国立音楽大学出版部 (1982) p.1-4
6) ジャック＝ダルクローズを指す
7) フランク・マルタン他『作曲家・リトミック創始者 エミール・ジャック＝ダルクローズ』板野平訳　全音楽
　　譜出版社 (1977) p.302
8) ジャック＝ダルクローズを指す
9) 前掲書 7) p.300
10) ジャック＝ダルクローズを指す
11) 前掲書 7) p.300
12) 前掲書 5) 第 1 巻　訳者のはしがき　ページなし
13) 山下薫子・井上恵理「ジャック＝ダルクローズ・ソルフェージュにおける数字唱の意義と課題」『ダルクロー
　　ズ音楽教育研究』40 号 (2015) p.39
14) 前掲書 5) 第 2 巻 p.5
15) ラインハルト・リング，ブリギッテ・シュタイマン『リトミック事典』河口道朗・河口眞朱美訳　開成出版
　　(2006) p.277
16) 五味克久「ソルフェージュ研究 (その 1)：ダルクローズ・ソルフェージュの全体像」『神戸大学教育学部研究
　　集録』80 (1988) p.233
17) 前後の文脈から『ダルクローズ・ソルフェージ』を指すと推測される
18) 前掲書 15) p.277
19) 清水あずみ「ダルクローズ・ソルフェージュの特徴とその実践に関する一考察」『ダルクローズ音教育研究』

　　　32 号（2007）p.1

20）　板野平『音楽反応の指導法』国立音楽大学（1987）p.145

21）　前掲書 20）p.161

22）　板野平は音列という用語は用いていないが、音列であると判断した

23）　前掲書 16）p.231

24）　L. チョクシー, R. エイブラムソン他『音楽教育メソードの比較』板野和彦訳　全音楽譜出版社（1994）p.94-97

25）　平島美保「ダルクローズ教育法におけるこどものソルフェージュとその実践法について」『東京純心女子大学研究紀要』5（2008）p.67-80

26）　板野晴子「旋律の即興を活用したソルフェージュに関する一考察―ジャック＝ダルクローズによる方法を視点として」『ダルクローズ音楽教育研究』25 号（2000）p.45

27）　前掲書 26）p.46-47

28）　前掲書 19）p.1-12

29）　前掲書 13）p.38-49

30）　前掲書 13）p.42

31）　Herbert Henke『Paths to Rhythmics』Editions Papillon（2007）p.48-50

32）　John R.Stevenson『Paths to Rhythmics2』Editions Papillon（2014）p.148-151

33）　前掲書 16）p.231

34）　前掲書 5）第 2 巻p.12

35）　この練習では音価を 2 分の 1 に変化させている

36）　ジャック＝ダルクローズはこの掛け声を合図に用いた

37）　ジャック＝ダルクローズはこの掛け声を合図に用いた

38）　前掲書 5）第 2 巻p. 24,61

39）　前掲書 5）第 2 巻 p .24,27,61,62,64,65

40）　前掲書 5）第 2 巻p.27,65

41）　前掲書 5）第 2 巻p.105

42）　前掲書 24）p.96

43）　板野平はで同様の歌い方で長三和音の練習のみ取り上げている。前掲書 20）p.161 参照

44）　ダルクローズ・ソルフェージュにおける数字は、長音階と短音階の区別がなく、その音が音階の第何番目の音かということを表している。ジャック＝ダルクローズは音階の音をローマ数字で表した。メロディーを絶対的な音名（ド、レ、ミ、ファ、ソ、ラ、シ）と結び付けることを学びつつ、その機能（Ⅰ、Ⅱ、Ⅲなど）との結びつきについても学ぶのである。C（ド）からF（ファ）への移調では、それに従って音名のみが変化するが〜中略〜数字は変わらない（ファ＝Ⅰ、ソ＝Ⅱ、ラ＝Ⅲなど）。前掲書 15）p.276 より引用

ペスタロッチ主義音楽教育の変容と
ダルクローズ・ソルフェージュ
——音階とテトラコード、数字譜に着目して——

関　口　博　子

The Transformation of Pestalozzianism of the Music Education's System and Dalcroze Solfège: Focused on Scale & Tetrachord and Numerical Musical Notation

Hiroko SEKIGUCHI

1. はじめに

　ダルクローズ・ソルフェージュとペスタロッチ主義音楽教育との関係については、以下の3つの先行研究（関口 2003, 関口 2008, 関口 2010）において、その共通点や相違点が論じられてきた。

　関口（2003）においては、ペスタロッチ主義音楽教育を代表するネーゲリ（Hans Georg Nägeli, 1773-1836）とプファイファー（Michael Traugott Pfeiffer, 1771-1849）による『ペスタロッチの原理による唱歌教育論』（Gesangbildungslehre nach Pestalozzischen Grundsätzen,1810）－以下、『唱歌教育論』と略称－と『ダルクローズ・ソルフェージ』（第1巻）との全体的な比較検討が行なわれ、その共通点・相違点が明らかにされた[1]。関口（2008）では、ペスタロッチ主義音楽教育とダルクローズ・ソルフェージュとの関係について、音程と音階に焦点が当てられ、『唱歌教育論』のみならず、その後ドイツで最も広まったペスタロッチ主義の唱歌教本であるナトルプ（Bernhard Christoph Ludwig Natorp, 1774 - 1846 ）による『民衆学校教師のための唱歌指導の手引き』（Anleitung zur Unterweisung im Singen für Lehrer in Volksschulen, 2Bde.,1813,1820）－以下、『手引き』と略称－を比較対象に加え、『唱歌教育論』と『ダルクローズ・ソルフェージ』との比較だけでなく、『唱歌教育論』とその後に出されたペスタロッチ主義の唱歌教本である『手引き』との比較、『手引き』と『ダルクローズ・ソルフェージ』との比較も交え、論が展開された[2]。さらに、関口（2010）では、『唱歌教育論』と『手引き』、『ダルクローズ・ソルフェージ』を「教材性」という観点から考察し、それぞれが教本に近いのか、それとも教材に近いのか考察している[3]。

　また、関口（2014）では、ジャック＝ダルクローズ（Emile Jaques-Dalcroze, 1865-1950）のリズムの根本思想について、『定本オリジナル版　リズム・音楽・教育』（河口道朗編 / 河口真朱美訳、開成出版、2009）へのペスタロッチ（Johann Heinrich Pestalozzi, 1746-1827）やネーゲリからの影響の

可能性について考察している[4]。

　本稿では、これらの先行研究におけるペスタロッチ主義音楽教育とダルクローズ・ソルフェージュとの比較検討を踏まえ、音階とテトラコード、数字譜の使用に焦点を当て、『唱歌教育論』、『手引き』に加え、19 世紀中盤のスイスにおいてネーゲリ後に学校音楽教育の改革を行ったヴェーバー（Johann Rudolf Weber, 1819 - 1875）の『理論的実践的唱歌論』（Theoretisch-praktische Gesanglehre, 1849）を比較の検討に加える。ヴェーバーは、ネーゲリの「直接の弟子であり、真の後継者」とされ、ネーゲリ後にスイスの学校音楽教育の改革を行った人物である[5]。その方法には、ネーゲリの影響だけでなく、ドイツで広まったペスタロッチ主義音楽教育の影響も見受けられる。すなわち、ネーゲリ／プファイファーの『唱歌教育論』によって確立したペスタロッチ主義音楽教育が、ドイツでの変容を経て再びスイスにおいてネーゲリの頃とはかなり異なった形で取り入れられており、ヴェーバーの方法論に、ペスタロッチ主義音楽教育の変容の過程を見ることができる[6]。なお、今回、音階とテトラコード、数字譜に着目したのは、それらがペスタロッチ主義音楽教育の方法論を特徴づけるものであり、変容の過程がよく見て取れると思われるからである。

　よって本稿では、19 世紀初頭にスイスで成立し、ドイツで変容されて広まったのちに再びスイスでさらに変容した形で広まったペスタロッチ主義音楽教育について、ネーゲリ／プファイファーの『唱歌教育論』からナトルプの『手引き』、ヴェーバーの『理論的実践的唱歌論』までの 3 つのペスタロッチ主義の唱歌教本と『ダルクローズ・ソルフェージ』について、それぞれを音階とテトラコード、数字譜に焦点を当てて分析することを通してその特徴を明らかにする。さらにそこから、ペスタロッチ主義音楽教育のダルクローズ・ソルフェージュへの影響の可能性を探りたい。

2. ネーゲリ／フファイファーの『唱歌教育論』における音階とテトラコード、数字譜

2.1　音階とテトラコード

　『唱歌教育論』は、前半の「一般的音楽論」（Allgemeine Musiklehre）と後半の「特別な音楽論」（Besondere Musiklehre）の 2 部構成になっており、前半が、リュトミーク（Rhythmik, リズム法）[7]、メローディク（Melodik, 旋律法）、ディナーミク（Dynamik, 強弱法）といった音楽要素とその結合に関することで、後半は音楽と言葉との関係について書かれたものである。音階、テトラコード、数字譜については、メローディクの部に書かれている。

　『唱歌教育論』では、「音楽を最も単純な要素に還元しなければならない」というペスタロッチの段階教授の理念のもと、長音階は全音 – 全音 – 半音のテトラコードが 2 つ組み合わさってできたものであるとして、すべての長音階、♯系、♭系の長調の導入をテトラコードによって行っている。すなわちテトラコードを、ディスジャンクトとコンジャンクトという 2 つの異なった組み合わせ方をすることにより、♯系、♭系のすべての長調を導入しているのである。

　ディスジャンクトとは、全音 – 全音 – 半音のテトラコード 2 つを全音でつなげるというものであり、この組み合わせ方により、♯系の長調が導入できる。例えば、C-D-E-F のテトラコードに、全音上の G から始まる全音 – 全音 – 半音のテトラコードを付けると、G-A-H-C となり、C-dur の音階となる。さらに、G-A-H-C の全音上の D から始まる全音 – 全音 – 半音のテトラコードを付

けると D-E-Fis-G となり、G-dur の音階となる。さらに G の全音上の A を起点に A-H-Cis-D として D-dur の音階を導く。このようにして#系の長調をすべて導入することができる（譜例1参照）。

（譜例1）『唱歌教育論』における # 系の長調の導入方法

出典 : Pfeiffer, M. T. & Nägeli, H. G. *Gesangbildungslehre nach Pestalozzischen Grundsätzen*, 1810, S. 62.

♭系の長調については、C-D-E-F のテトラコードに、同音の F からはじまる全音－全音－半音のテトラコードを付ける（コンジャンクトする）と F-G-A-B となるので、それを F から始まる音階に並べ替えると F-G-A-B-C-D-E-F となり、F-dur が導入できる。F-G-A-B のテトラコードに同音の B から始まる全音－全音－半音のテトラコードを付けると B-C-D-Es となり、B から始まる音階に並べ替えると B-dur になる。このようにしてフラット系の長調を導入しているのである（譜例2参照）。

（譜例2）『唱歌教育論』における♭系の長調の導入方法　　　　　　出典 : Ebenda, S.63.

　なお、短調の音階については、その構造が複雑であるとして[8]、初歩の段階では導入せず、かなり後になってから導入している。

2.2　数字譜の使用

　『唱歌教育論』では、初歩の段階においてかなりの部分、数字譜を使用している。周知の通り数字譜は、ルソー（Jean-Jacques Rousseau, 1712 - 1778 ）が考案したものであるが、ルソーの時代のフランスではほとんど顧みられなかった。しかし、ペスタロッチ主義音楽教育で取り入れられたことにより、スイスからドイツ、アメリカを経由して我が国の明治期の学校音楽教育草創期にまで影響を及ぼすこととなった。

　数字譜は、ド =1、レ =2、ミ =3 というように、1 から 7 までの 7 つの数字を階名に当てはめた楽譜である。もともとプファイファーが実践していたものであり[9]、それが『唱歌教育論』に取り入れられたのである。『唱歌教育論』における数字譜を用いた音程練習は、具体的には次ページの譜例3のように行われる（譜例3参照）。

```
 I.  1.2.3.1.3..2.3.4.2.4. | 4.3.2.4.2..3.2.1.3.1.
 II. 1.3.2.4. | 4.2.3.1.
 III. 3.1.2.4. | 2.4.3.1.
 IV. 1.2.1.3.1.4.. | 4.3.4.2.4.1.
 V.  4.1.4.2.4.3.4. | 1.4.1.3.1.2.1.
 VI. 2.1.3.1.4.1. | 3.4.2.4.1.4.
 VII. 4.1.3.2.4. | 1.4.2.3.1.
 VIII. 4.2.4.3.1.3.2. | 1.3.1.2.4.2.3.
 IX. 1.2.1.3.4.3.2.3.4. | 4.3.4.2.1.3.2.3.1.
```

（譜例 3）『唱歌教育論』における数字譜を用いた音程練習の例　　　　　出典：Ebenda, S.51.

　なお、数字譜の 1= ド =C ではなく、1 は主音としてのドであるため、数字譜はきわめて移動ド的な楽譜である。実際に『唱歌教育論』では、C は小さい子どもには低すぎるというネーゲリの考えに基づき [10]、G=1 として数字譜による音程練習を行っている。なお、『唱歌教育論』における数字譜による音程練習は、最初の段階のリズムを付けない純粋な音程練習の、しかもオクターブ以内の音程練習に限定して用いている。そして、長音階についての理解が進んだ段階で五線譜を導入し、五線譜導入後は数字譜を使用していない。

3. ナトルプの『手引き』における音階とテトラコード、数字譜

3.1　音階とテトラコード

　ナトルプは、19 世紀初頭のプロイセンにおいて、高等宗務局顧問官（Oberkonsistrialrat）としてプロイセン教育改革期のベルリンで、ペスタロッチ主義による教育改革を中心になって推し進めた人物である。現場の教師に対する影響力が強く、ペスタロッチ主義による教本である『手引き』の作成とともに、「唱歌講習会」を数回にわたって開き、シューネマン（Georg Schünemann, 1884-1945）は、「彼［ナトルプ - 引用者］によって、ペスタロッチ主義の方法と基本理念がドイツのすべての学校教師の所有となった」[11] と述べている。

　『手引き』は 2 巻構成で、『唱歌教育論』と同様、リュトミーク、メローディク、ディナーミクと一応分けられてはいるが、『唱歌教育論』のようにリュトミークだったらリズム練習だけ、メローディクだったら音程練習だけと厳密に分けられているわけではなく、それ以前のセクションで習ったことを追加で加えていき、早い段階で簡単な歌を歌えるようにしている。すなわち、メローディクの部では、既習のリズムを加えた練習を行い、その段階で簡単な歌は歌えるようにしている。

　なお、音階とテトラコードに関してだが、『手引き』では『唱歌教育論』のように音階を導入する前にテトラコードを導入しているのではなく、まず初めに、長音階は 2 全音 + 1 半音 + 3 全音 + 1 半音から成り立っているとして C-dur の音階を導入し、様々な音程練習を行った後、第 2 巻で初めて、テトラコードについて説明している。音階は、全音 - 全音 - 半音のテトラコードが 2 つ結びついたものであるとして、すべての長調の導入にテトラコードを用いた『唱歌教育論』とは、そこが大きく異なっている。ナトルプはテトラコードについて、「［主音からのオクターブ

のなかの－引用者] 8つの音の連なりには、2つの半音がある。1234 － 5678、すなわち CDEF － GAHC。そのような4つの音のまとまりを『テトラコード』と呼ぶ。音階は、2つのテトラコードがつながってできたものである」[12] と述べ、以下の譜例4のように半音の個所に弧線を付け、2つのテトラコードの真ん中に複縦線を引いて区切り、説明している。

　ただ、『手引き』では、テトラコードについては説明をしているだけで、それを用いた練習などは想定されていない。

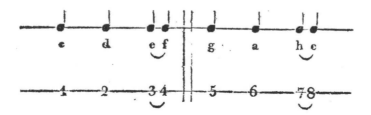

（譜例4）ナトルプ『手引き』におけるテトラコードの説明
出典 : Natorp,B.C.L. *Anleitung zur Unterweisung im Singen für Lehrer in Volksschulen*, 2er Bd,　S.72

3.2　数字譜の使用

　ナトルプの『手引き』では、『唱歌教育論』以上に数字譜を積極的に用いている。つまり、『唱歌教育論』では、数字譜はあくまでオクターブ以内のリズムを付けない最初の純粋な音程練習のみに用い、五線譜導入後は数字譜を全く使用しなくなるのに対して、『手引き』では、以下の譜例5のように、五線譜導入後も、しばらくは数字譜と五線譜を併記する形をとっている。ちなみにこの五線譜と数字譜の併記の形は、我が国の明治期における学校音楽教育草創期によく用いられた本譜略譜併記方式につながるものである [13]。数字譜と五線譜が併記された形というのは、次のようなものである（譜例5）。

（譜例5）ナトルプの『手引き』における五線譜と数字譜が併記された唱歌の例　　出典 : Ebenda, S.93

4. ヴェーバーの『理論的実践的唱歌論』における音階とテトラコード、数字譜

4.1　音階とテトラコード

　ヴェーバーは、先述の通り、ネーゲリの弟子とされる人物であり、ネーゲリと同じスイスの
チューリッヒ近郊のヴェツィコン（Wetzikon）に 1819 年に生まれている。当時ヴェツィコンでは、
ネーゲリの兄が当地の牧師をしており、ヴェーバーは幼いころからネーゲリの兄の教会に通い、
賛美歌を歌っていたとされている。そして彼が 13 歳の時にネーゲリの兄の勧めで、チューリッ
ヒのネーゲリのもとを訪ね、1836 年にネーゲリが亡くなるまで、ネーゲリはヴェーバーの良き
助言者であったという。『理論的実践的唱歌論』は、ネーゲリ没後、ドイツに渡り、ジルヒャー
（Phillipp Friedrich Silcher, 1789-1860）らのもとで学んで帰国した後、かつてペスタロッチの学校
があったミュンヘンブクゼー（Münchenbuchsee）の教師セミナーで教員養成に携わるなかで作成
したものであり、ヴェーバーがスイスで唱歌教育の改革を行う際に必修教材となった『歌と練習』
（Lieder und Übengen）の理論と方法の根拠になったものである[14]。

　この『理論的実践的唱歌論』は全 4 部構成で、「理論編」と「実践編」に分かれており、「実践編」は
さらに「初等学校編」「中等学校編」「高等学校編」の 3 部構成となっている[15]。本稿では、『唱歌教育
論』『手引き』が対象としている初等教育段階での音楽教育をターゲットとし、『理論的実践的唱歌
論』についても「実践編」の「初等学校編」を比較の対象とする。

　ヴェーバーの『理論的実践的唱歌論』でも、『唱歌教育論』や『手引き』と同様、音楽をリズム、
旋律などに分けた練習をさせているが、ナトルプの『手引き』以上にその区別はあいまいで、リ
ズムの章、旋律の章などと要素ごとに分けるのではなく、学年、学期ごとに区切られ、その中で
リズムの練習の時間、音程の練習の時間がそれぞれ設けられ、学年が上がるごとに少しずつ、難
易度が上がる、という形態をとっている。すなわち、この教本をそのままカリキュラムの中に組
み込み、教科書として使用する。そのなかで音階とテトラコードの扱いだが、テトラコードにつ
いては全く取り上げられておらず、ナトルプの『手引き』のように最初から五線譜で音階を導入
するのではなく、最初は隣り合った 2 つの音のみの練習を 1 線譜で行い、その後、2 線譜、3 線
譜を導入して一つずつ音を増やしていき、5 つの音の範囲内での音程練習をさせている（譜例 6）。

（譜例 6）『理論的実践的唱歌論』における音域拡張の方法

出典：Weber, J.R. *Theoretisch-praktische Gesanglehre,* 2. Heft, S.12

このような方法は、メローディクで最初に音階と五線譜を導入しているナトルプよりも、テトラコードの導入で2線譜を、音階の導入で4線譜を導入した後で五線譜を導入している『唱歌教育論』の方法に近いと言えよう。またヴェーバーも、短調の音階は、『唱歌教育論』や『手引き』と同様、かなり後になって導入しており、長調に比べて短調の音階は難しいという認識では、ネーゲリ、ナトルプ、ヴェーバーともに一致していると言ってよいであろう。

4.2　数字譜の使用

ヴェーバーの『理論的実践的唱歌論』では、数字譜の使用については、最初の隣り合った音同士の練習では数字のみを用いた練習を行わせ、ut から sol の間の音程練習では、以下の譜例7のように3線譜を用いて階名と数字を併記している（譜例7）。このように音符と数字譜を併記する方法は、『唱歌教育論』にはないものであり、どちらかというとナトルプのやり方に近いと言えよう。ただヴェーバーは、数字譜については、歌詞のついた歌に入った段階、また五線譜導入後は『唱歌教育論』と同様、全く使用しなくなる。

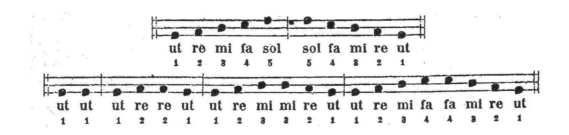

（譜例7）『理論的実践的唱歌論』における数字譜の使用例　　　　　出典：Ebenda, S.21

5.　『ダルクローズ・ソルフェージ』における音階とテトラコード、数字譜

5.1　音階とテトラコード

ジャック＝ダルクローズにとってソルフェージュは、周知の通り、リズム運動、即興演奏と並んだ3つの柱の一つであり、きわめて重要なものである。『ダルクローズ・ソルフェージ』では、序文において、「教師が最初に配慮すべきことは、全音と半音の相違を生徒によくわからせることである」[16]として、音階を導入する前にまずは全音と半音の区別をつけさせるように求めている。だが、『唱歌教育論』のように全音－全音－半音のテトラコードから音階を導入するのではなく、全音と半音の区別をつけさせた後は、すぐに音階を導入している。テトラコードについては、音階を構成する全音－全音－半音の音程構成を持つテトラコードとしてではなく、第2巻において、長音階のなかの4つの連続する音の連なりとして次ページの譜例8のように取り上げており、全音－全音－半音のテトラコードをつないで♯系と♭系の長調を導入している『唱歌教育論』の方法とは異なっている。

（譜例 8）『ダルクローズ・ソルフェージ』第 2 巻に掲載されているテトラコードの例

出典：『ダルクローズ・ソルフェージ』第Ⅱ巻、46 頁

　　譜例 8 のテトラコードでは、ⅠとⅤしか全音−全音−半音の音程構成になっておらず、他は半音の位置がそれぞれずれており、Ⅳについては、3 全音になっている。ダルクローズ・ソルフェージュでは、2 音列、3 音列、4 音列と音域を広げていくなかでのテトラコードの導入であり、全音−全音−半音の音程構成のテトラコードが 2 つつながって長音階ができるという考え方はないように見受けられる。

5.2　数字譜の使用

　　『ダルクローズ・ソルフェージ』にも、数字譜を用いた練習課題がたくさん掲載されている。ただしその数字は、普通の数字ではなく、ローマ数字でⅠ〜Ⅶまでが用いられている。ここで注目すべき点は、Ⅰ＝ド＝Ｃではなく、Ⅰ＝主音として、各長調の主音をⅠとした音程練習をさせていることである。例えば、次のような練習をさせている（譜例 9）。

（譜例 9）『ダルクローズ・ソルフェージ』第 1 巻に掲載されている数字譜を用いた音程練習の例

出典：『ダルクローズ・ソルフェージ』第Ⅰ巻、28 頁

　　上の譜例 9 は、G dur の音程練習の課題である。すなわち、Ⅰは G dur の主音の G であり、Ⅰ - Ⅶ - Ⅵは G-Fis-E の音を歌うことになる。ダルクローズ・ソルフェージュでは、Ⅰ＝主音、Ⅱ＝上主音、Ⅲ＝中音、Ⅳ＝下属音、Ⅴ＝属音、Ⅵ＝上属音、Ⅶ＝導音、と音階と調性を学ぶ最初の段階で各音の役割をローマ数字で示しており、それをそのまま数字譜として用いていると言える [17]。

　　ダルクローズ・ソルフェージュは、その方法が固定ド的と言われているが、数字譜を使用しているところでは、移動ド的な考え方も採用していると言ってよいであろう。

6. 音階とテトラコード、数字譜に着目してみたペスタロッチ主義音楽教育の変容とダルクローズ・ソルフェージュ

　以上、ネーゲリ／プファイファーの『唱歌教育論』からナトルプの『手引き』、ヴェーバーの『理論的実践的唱歌論』までの3つのペスタロッチ主義の唱歌教本と、『ダルクローズ・ソルフェージ』について、音階とテトラコード、数字譜の使用に焦点を当て、それぞれの特徴について考察してきた。最後に、音階とテトラコード、数字譜の使用という視点からペスタロッチ主義音楽教育の方法論の変容の過程をまとめ、ダルクローズ・ソルフェージュへの影響の可能性について考えたい。

　ペスタロッチ主義音楽教育を確立したとされるネーゲリ／プファイファーの『唱歌教育論』では、全音－全音－半音のテトラコードをコンジャンクト、ディスジャンクトという2つのつなぎ方で♯系、♭系のすべての長音階を導き出すなど、テトラコードを音階の基本構造として音階以上に重視していた。それに対してナトルプは、テトラコードについては音階の導入の段階では取り上げず、様々な音程練習をした後の第2巻になって初めて、実は音階というのは全音－全音－半音のテトラコードが2つ組み合わさったものだという説明をしている。また、『唱歌教育論』のようにテトラコードからすべての長音階を導入するという方法は取らず、テトラコードについては説明だけでその練習課題もないため、音階が全音－全音－半音のテトラコードが2つ組み合わさったものだという認識はあったものの、テトラコードは重視していなかったと言えよう。

　ヴェーバー、ダルクローズ・ソルフェージュに至っては、全音－全音－半音のテトラコードが音階の基本構造であるとの見解すら全く示されていない。ナトルプは紹介こそしているもののテトラコードを用いて♯系、♭系の長調を導入するということはしていないため、音階も調もすべてを全音－全音－半音のテトラコードから導き出していた『唱歌教育論』の方法は受け継がれなかったと言える。

　その一方で、短調については、複雑な音構造になっているとして早期での導入を否定し、かなり後になってから導入している『唱歌教育論』の方法は、ナトルプ、ヴェーバー、ダルクローズ・ソルフェージュに至るまで同様であり、短調の音階が複雑であり早期に導入すべきではないとの考え方では一致している。

　数字譜の使用については、最も積極的に使用していたのはナトルプであり、ナトルプの『手引き』では、導入段階での練習だけでなく、実際の歌、2声唱歌や3声唱歌でも数字譜と五線譜を併記しており、先述の通り、この五線譜と数字譜を併記するという方法は、我が国の明治期の学校音楽教育草創期に導入されたものである。また、本稿では誌面の都合上、ナトルプ以外のドイツのペスタロッチ主義の唱歌教本については触れなかったが、ナトルプと同時代のドイツの教本では他にも数字譜を重視しているものがあり[18]、数字譜は、ネーゲリ以降、スイスよりもドイツで発展し、それがアメリカを経由して明治期の日本に導入されたものと思われる。スイスでは、ネーゲリの後を継いだヴェーバーの方法論でも、数字譜はやはりネーゲリと同様、五線譜を導入するまでの初歩の段階で用いられるものに限定されており、実際の歌に数字譜を付けるということはしていない。

　一方、ダルクローズ・ソルフェージュでの数字譜の使用は、ローマ数字を用いている点でペス

タロッチ主義の数字譜とは異なっているが、それぞれの調の主音をⅠ、属音をⅤなどとして長音階の構造を理解して歌えるような練習課題として用いられており、調性感を養うことができるように工夫されていると言えよう。ただ、ダルクローズ・ソルフェージュでの数字譜の使用も限定的であり、「数字による旋律の翻唱、○調で」と書かれている個所の練習課題で用いられているだけであり、他の練習課題では全く用いられていない。

　先述の通り、全音－全音－半音のテトラコードを重視し、そこから音階と調をすべて導き出した『唱歌教育論』の方法は、その後のペスタロッチ主義の方法論で受け入れられることはなかった。しかし、音階の基本構造として全音と半音があり、その区別をしっかりつけさせることがまず初めに行うべききわめて重要なことであると述べた J= ダルクローズの考え方や、短調の音構造が難しいのでかなり後になってから導入するように指示している点、数字譜を用いて調性感を身に付けさせようとしている点などに、(他にも様々な影響があったであろうが) ダルクローズ＝ソルフェージュへのペスタロッチ主義からの影響の可能性を、見て取ることができるであろう。

7. おわりに

　本稿では、ネーゲリ／プファイファーの『唱歌教育論』からナトルプの『手引き』、ヴェーバーの『理論的実践的唱歌論』までの 3 つのペスタロッチ主義の唱歌教本と『ダルクローズ・ソルフェージ』について、それぞれを音階とテトラコード、数字譜に焦点を当てて分析することを通してその特徴を明らかにし、ペスタロッチ主義音楽教育のダルクローズ・ソルフェージュへの影響の可能性を探った。

　まだまだ、ペスタロッチ主義音楽教育のダルクローズ・ソルフェージュへの影響については、明らかにできていない。今後は、さらにリズムや別の視点から、また別のペスタロッチ主義の唱歌教本の分析も行い、ペスタロッチ主義音楽教育のダルクローズ・ソルフェージュへの影響の可能性について探っていきたい。

注

1)　関口博子「ダルクローズ・ソルフェージュとペスタロッチ主義音楽教育」『リトミック研究の現在──日本ダルクローズ音楽教育学会創立 30 周年記念論文集──』開成出版、2003 年、40-49 頁。なお本稿では、ダルクローズ・ソルフェージュ全般をさす場合には、ダルクローズ・ソルフェージュとし、1967 年に出版された翻訳書については、そのタイトルの通り『ダルクローズ・ソルフェージ』と記載する。

2)　関口博子「ダルクローズ・ソルフェージュにおける音程・音階の導入とその練習方法──ペスタロッチ主義の方法との比較検討を視点として──」『リトミック実践の現在──日本ダルクローズ音楽教育学会創立 35 周年記念論文集──』開成出版、2008 年、121-128 頁。

3)　関口博子「ダルクローズ・ソルフェージュにおける「教材性」──ペスタロッチ主義の方法との比較検討を視点として──」『同朋福祉』(同朋大学社会福祉学部) 第 16 号 (通巻 38 号)、2010 年、157 - 166 頁。

4)　関口博子「リトミックの理念──リズムの根本思想──」『リトミック教育研究──日本ダルクローズ音楽教育学会創立 40 周年記念論集──』開成出版、2014 年、113 -121 頁。

5)　Weber, Heinrich, "Hans Georg Nägeli's bedeutendsten Nachfolgern", *Neujahrsblatt der allgemeinen Musikgesellschaft in Zürich*, 1882, S.17.

6)　ヴェーバーの方法論へのドイツからの影響については、以下の先行研究おいて詳細に論じられている。関口博子「J.R. ヴェーバーの唱歌教育方法論へのドイツからの影響──B.C.L. ナトルプの方法論との比較

検討を中心として――」『音楽教育史研究』第 21 号、2019 年、25-36 頁。

7）　Rhythmik というドイツ語には現在、2 つの意味があり、一つは、リズム法、リズムの理論という意味であり、もう一つは、ジャック＝ダルクローズのリトミックを指す。しかし『唱歌教育論』は、ジャック＝ダルクローズのリトミックが成立する以前の著作物であり、リトミックと訳してしまうと誤解を生むため、そのままリュトミークとする。

8）　Pfeiffer, Michael Traugott & Nägeli, Hans Georg. *Gesangbildungslehre nach Pestalozzischen Grundsätzen, praktisch begründet von Michael Traugott Pfeiffer, methodisch bearbeitet von Hans Georg Nägeli*, 1810, bey H.G.Nägeli, S.248.

9）　Schünemann, Georg. *Geschichte der deutschen Schulmusik*,Köln:F.R.Kistner & C.F.W. Siegel & Co., 1968 ［1st ed. Berlin,1928.], S. 305.

10）　Nägeli, Hans Georg. "Die Pestalozzische Gesangbildungslehre nach Pfeiffers Erfindung kunstwissenschaftlich dargestellt im Namen Pestalozzis, Pfeiffers und ihrer Freunde, *Allgemeine Musikalische Zeitung*, No.49, 1809, Sp.804.

11）　Schünemann, a.a.O.,S.319.

12）　Natorp, Bernhard Christoph Ludwig. *Anleitung zur Unterweisung im Singen für Lehrer in Volksschulen,* 2 er Bd.,1820, S.71.

13）　本譜というのが五線譜、略譜が数字譜を指す。学校音楽教育草創期にしばらく本譜略譜併記方式が使われたが、明治後期には本譜一本化となり、数字譜は学校の教科書から姿を消した。

14）　Weber, H. a.a.O.,S.17-18.

15）　Weber, Johann Rudolf. *Theoretisch-praktische Gesanglehre*, 4 Bde., Bern: Stämpfische Verlagshandlung ／Zürich: Friedrich Schultheβ, 1849.
　　　なお、ヴェーバーの『理論的実践的唱歌論』の全体構成は、以下の先行研究に詳細にまとめられているので、詳細はそちらを参照されたい。
　　　関口博子「J.R. ヴェーバーの唱歌教育改革論とその方法――ペスタロッチ主義との関連性を視点として――」『関西楽理研究』（関西楽理研究会）XXXⅢ号、2016 年、1-14 頁。

16）　ダルクローズ、E.=J. ／板野平訳『ダルクローズ・ソルフェージ』第 1 巻、国立音楽大学出版部、1966 年、1 頁。

17）　同上書、12 頁。

18）　ナトルプと同時代にドイツで出されたペスタロッチ主義の唱歌教本の中で特にコッホ（J.W.F.Koch）の『唱歌論』(Gesanglehre)は、教本に掲載されたカノンやコラール、2,3,4 声の唱歌にも数字譜を用いており、シューネマンに、「数字譜の可能性を証明するものとなっている」と評されている。
　　　Schünemann, a.a.O.,S.319-320.

引用・参考文献

ダルクローズ、E.=J. ／板野平訳『ダルクローズ・ソルフェージ』全 3 巻、国立音楽大学出版部、1966 年。

Nägeli, Hans Georg. "Die Pestalozzische Gesangbildungslehre nach Pfeiffers Erfindung kunstwissenschaftlich dargestellt im Namen Pestalozzis, Pfeiffers und ihrer Freunde, *Allgemeine Musikalische Zeitung*, No.49, 1809, Sp.769-776, 785-793,801-810,817-845.

Natorp, Bernhard Christoph Ludwig. *Anleitung zur Unterweisung im Singen für Lehrer in Volksschulen*, 2 Bd.,1813 ［2. Asg., 1818],1820, Essen und Duisburg: bei G.D.Bädeker.

Pfeiffer, Michael Traugott & Nägeli, Hans Georg. *Gesangbildungslehre nach Pestalozzischen Grundsätzen, praktisch begründet von Michael Traugott Pfeiffer, methodisch bearbeitet von Hans Georg Nägeli*, 1810, Zürich:bey H.G.Nägeli.

Schünemann, Georg. *Geschichte der deutschen Schulmusik*,Köln:F.R.Kistner & C.F.W.Siegel & Co., 1968 ［1st ed. Berlin,1928.]

関口博子「ダルクローズ・ソルフェージュとペスタロッチ主義音楽教育」『リトミック研究の現在――日本ダルクローズ音楽教育学会創立 30 周年記念論文集――』2003 年、40-49 頁。

関口博子「ダルクローズ・ソルフェージュにおける音程・音階の導入とその練習方法――ペスタロッチ主義の方法との比較検討を視点として――」『リトミック実践の現在――日本ダルクローズ音楽教育学会創立 35 周年記念論文集――』2008 年、121-128 頁。

関口博子「ダルクローズ・ソルフェージュにおける「教材性」――ペスタロッチ主義の方法との比較検討を視点として――」『同朋福祉』（同朋大学社会福祉学部）第 16 号（通巻 38 号）、2010 年、157-166 頁。

関口博子「リトミックの理念――リズムの根本思想――」『リトミック教育研究――日本ダルクローズ音楽教育

学会創立 40 周年記念論集──』2014 年、113 - 121 頁。

関口博子「J.R. ヴェーバーの唱歌教育改革論とその方法──ペスタロッチ主義との関連性を視点として──」『関西楽理研究』（関西楽理研究会）XXX Ⅲ号、2016 年、1-14 頁。

関口博子「J.R. ヴェーバーの唱歌教育方法論へのドイツからの影響──B.C.L. ナトルプの方法論との比較検討を中心として──」『音楽教育史研究』第 21 号、2019 年、25-36 頁。

Weber, Heinrich, "Hans Georg Nägeli's bedeutendsten Nachfolgern", *Neujahrsblatt der allgemeinen Musikgesellschaft in Zürich*, 1882.

Weber, Johann Rudolf. *Theoretisch-praktische Gesanglehre*, 4 Bde., Bern: Stämpfische Verlagshandlung / Zürich: Friedrich Schultheβ, 1849.

小学校音楽科における「体を動かす活動」の分類と鑑賞学習の指導モデル創出

髙 倉 弘 光

Classifying "Physical Activities" in Elementary School Music Classes and
Creating an Instructional Model for Appreciation Learning

Hiromitsu TAKAKURA

はじめに

　リトミックのもっとも大きな特徴は、体を動かすことを通して音楽を学ぶ点にある。体を動かすことを通して音楽を学ぶことについては、我が国の小学校学習指導要領（文部科学省 , 2018）の第3指導計画の作成と内容の取扱い、2の(1)のイに「（各学年の「A 表現」及び「B 鑑賞」の指導に当たっては、）音楽との一体感を味わい、想像力を働かせながら音楽と関わることができるよう、指導のねらいに即して体を動かす活動を取り入れること」という記述があり、リトミックとの関連性が認められる。また菅沼（2010）や髙倉（2015）は、リトミックで学習される内容と学習指導要領に示されている〔共通事項〕との間に多くの共通点、関連性があることを指摘している。このように、リトミックと我が国の小学校音楽科授業は密接な関係にあることがわかる。

　リトミックの理念や方法を小学校音楽科の授業に生かすことは、学習指導要領で示されている体を動かす活動を授業に取り入れることが前提となるが、体を動かす活動は実際の授業にどのような形で実践されているのだろうか。小学校音楽科の内容は、「A 表現」と「B 鑑賞」、及び〔共通事項〕から成っている。「A 表現」領域は、さらに「歌唱」「器楽」「音楽づくり」の分野に分かれており、それぞれの分野への体を動かす活動の実践が報告されている。橋本（2010）は、歌唱分野や音楽づくり分野、鑑賞領域への活用を報告し、桑原（2010）や髙倉（2014）は、鑑賞領域の実践を報告しており、体を動かす活動は、小学校音楽科のあらゆる内容に活用されていることがわかる。

　しかし、これらの報告は全国で行われている小学校音楽科授業のうちのごく一部であり、一般に広く行われているかは疑問が残るところである。体を動かす活動の意義は理解されても、方法がわからないという教師の声も少なからず聞かれるところである。小学校学習指導要領（平成29年告示）解説音楽編 (2019) には、体を動かす活動の例として、「音楽に合わせて歩いたり、動作をしたりする」が挙げられているが、これだけの例示では、音楽科の内容のどの領域や分野に対し

てどのような活動を行えばよいのか、理解が広がらないのは当然のことであろう。

　そこで、髙倉 (2018) は、体を動かす活動を「身体反応」「身体運動」「身体表現」の３つに分類することを提案し、体を動かす活動への理解を広めようと試みた。しかし、それぞれの分類と、音楽科の内容や実際の体を動かす活動との関連については明確な説明がされていない。

　そこで本稿では、髙倉 (2018) が提案している体を動かす活動の分類に再検討を加え、それぞれの分類と小学校音楽科の内容との関連について、実践例を紹介しながら明らかにしたい。さらに、鑑賞領域におけるひとつの題材に特化して実践例を挙げ、鑑賞指導の流れに沿った体を動かす活動の分類とそれぞれの活用についての指導モデル創出を試みたい。

1. 体を動かす活動の３つの分類

　高倉 (2018) は、音楽科の授業で行われる体を動かす活動を「身体反応」「身体運動」「身体表現」の３つに分類しており、それぞれの分類について以下のように説明している。

> 「身体反応」…音楽の一部分に決められた反応を示すこと。鑑賞学習などでも有効です (例えば、「合いの手」が聞こえたら手をあげるなどの反応)。
> 「身体運動」…音楽に合わせて動くこと。これが音楽の諸要素をよりよく感じることにつながり、音楽的な思考力を高めるのに役立ちます。
> 「身体表現」…音楽そのものを体の動きで表現すること。音楽との一体感を味わうのに適しています。創造性も培うことができます。

　上記の説明だけでは、音楽科の内容との関連や具体的な活動が明確でない。そこで、それぞれの分類に関して、筆者の 22 年間にわたる児童を対象とした授業に基づいて説明を付加するとともに、音楽科の内容との関連や具体的な活動について例を挙げることにする。

1.1　「身体反応」

　まず「身体反応」である。これは、特定の音や音楽の中に認められる特定の要素に対して、学習者が身体の動きで反応するというものである。ここでいう特定の音というのは、例えばピアノの音とかトライアングルの音、太鼓の音など楽器の音などのほか、人の声、手拍子、机を叩く音など、聞こえてくる音すべてが対象となる。音楽科の授業では、教師によって特定の音が指定され、どのように反応するかも指示され「身体反応」が行われることになる。

　例えば「目を閉じましょう。トライアングルの音が聞こえたら、すぐに手をあげましょう。聞こえている間はずっと手をあげていて、聞こえなくなったら手をおろしましょう」という教師の指示による「身体反応」が考えられる。学習者は、教師の指示に従って目を閉じ、トライアングルの音が鳴っているかどうか注意深く耳をそばだて、聞こえだした瞬間に手をあげることになる。その際のあげ方は自由である。ある学習者は肘をピンと伸ばし、高くあげるかもしれないし、腕をまげ、自信がないようにあげるかもしれない。しかしいずれの場合もトライアングルの音に体の動きで反応していることに違いはない。

一方、音楽の中に認められる特定の要素に「身体反応」させる場合もある。例えば「剣の舞」（ハチャトゥリアン）の中に認められるトロンボーンによるポルタメントの「合いの手」に対して身体反応させる。合いの手とは、フレーズとフレーズとの間に調子よく入れられる音やかけ声のことを指す。「剣の舞」はABAの三部形式から成っているが、A部には明確な合いの手が認められる。これも次のような教師の指示によって活動が成立する。「これから音楽を聴きます。『合いの手』のある音楽です。ここが『合いの手』だと聴き取ったら、パッと手をあげましょう」。学習者は、音楽を聴きながらA部では頻繁に現れる合いの手に反応し、手をあげる。この場合、手をあげることのほかに、起立することも考えられる。椅子に着席している学習者が合いの手を聴き取った瞬間に起立するのである。冒頭のA部には合いの手が9回も現れるが、その度に起立し、合いの手が終わったら直ちに着席することになり、手をあげるという動作より大きな筋肉を使うことになり、よりダイナミック、かつスリリングな活動となる。

以上、「身体反応」について例を挙げたが、いずれもスイッチのオン・オフのように体の動きを使っている。スイッチのオン・オフだから、そこに音楽的なニュアンスは生じないことになる。このように、体を動かす活動のうち、音楽的な動きではないが、音や音楽に対して体の動きでスイッチのオン・オフのように反応することを「身体反応」と分類する。

これらの「身体反応」は、主に鑑賞指導など、音楽を聴きながら行われる学習活動に用いられる。音や音楽を注意深く聴き、特定の音や音楽の要素に対して素早く反応するのである。

1.2　「身体運動」

次に「身体運動」について説明する。これは、音楽の何らかの要素に対して、体を動かすことを指す。前項で述べた「身体反応」も、音楽の要素に対して体を動かす活動だが、それとの違いは音楽の要素を表現するのに相応しい動き、換言すれば「音楽的な動き」を学習者が意図的に行うところにある。「身体反応」では、スイッチのオン・オフのように体を使った。だから手をあげる、さげる、起立する・着席する、というごく単純な動作が主であった。しかし「身体運動」では、特定の音楽の要素に合った動きを学習者に要求することとなる。

例えば、鳴っている音楽の拍を捉え、拍に合わせて歩くという活動は、その代表的なものであろう。この動きは例えば「これから音楽を聴きます。音楽の拍を聴き取って、その拍に合わせて歩きましょう」という教師の指示によって行われる。「拍」という概念や言葉をまだ理解していない学習者の場合は、「これから音楽を聴きます。音楽に合うように歩いてみましょう」という指示がなされる。後者の指示であっても多くの場合は拍を捉えて歩くことになるだろう。これらの場合、教師の指示が「身体運動」を成立させる鍵になる。

「身体運動」の例はほかにもある。音高に合わせて手や腕を上下させることも、フレーズを聴き取り、感じ取って、その切れ目で歩く方向を変えたり、腕を動かしたりすることも「身体運動」である。また、特定のリズムパターンを手拍子で打つことも「身体運動」と捉えることができる。音楽の特定の要素を体の動きで表すのが「身体運動」なのである。

しかし、「身体運動」には、もう一つの分類があると考えられる。それは、教師の指示によらないものであり、自然発生的に、無意識のうちに生じる体の動きである。例えば、歌唱の授業で、学習者が歌いながら首を小さく前後に動かしていて、それが拍にぴたりと合っている場合であっ

たり、鑑賞の授業で音楽に合わせて体を左右に揺らしていて、それがその音楽の速度などにぴたりと合っている場合であったりする。これらの動きは体が自然に音や音楽に対応しているものであり、しかも何らかの音楽の要素に対し的確に動いている状態である。これも「身体運動」の一種として分類できると考えられる。この動きは「身体反応」とも捉えられるように考えられるが、それとの違いは、その動きが音楽的か（その要素を的確に表す動きか）どうかによる。学習者が意図していなくても、特定の音楽の要素にぴたりと合うような動きをしている場合は「身体運動」に分類することにする。

1.3　「身体表現」

　次に「身体表現」である。これは、学習者が音楽の全体を、どのように体の動きで表すかを考えて行う表現のことを指す。これは、リトミックにおけるプラスティーク・アニメと同義である。例えば、鑑賞の授業で学習した教材曲「ハンガリー舞曲第1番」（ブラームス）を4人グループで身体表現する場合、2人が最初に出現する主旋律のフレーズを動き、残りの2人がフレーズに続く合いの手を専門に動くことがあるが、これは、グループ内でこの曲をどのように表現するかを相談した結果であり、偶然に起きた表現ではない。意図的に計画され、練習された体の動きなのである。このように「身体表現」とは、学習者が音楽を体の動きで忠実に表現することを意識している状態を意味している。

　一方、音楽の一部分、例えばスタッカートで表現された四分音符の羅列を教師が示し、それに対してどのような動きをつけるかを学習者に考えさせ、実際に演示させることがあるが、これは「身体運動」に分類されると考えられる。この例の場合、学習者はスタッカートによる演奏を聴き、短く弾けるようなその表情をどのように体の動きで表現するかを考え、演示するので、意図的に体を動かしている。従って「身体表現」に分類できるように考えられるが、「身体表現」は、音楽作品の全体もしくは、それに準ずるまとまりをどのように体の動きで表現するかを考えて行うものとして分類している。そこでこの場合は、音楽の一部分の要素を取り出して体を動かしていると考えるので「身体運動」に分類される。

1.4　3つの体を動かす活動の特性と相関

　以上、高倉（2018）による小学校音楽科における「体を動かす活動」の3つ分類について事例を添えて説明してきた。本項では、3つの分類「身体反応」「身体運動」「身体表現」がどのように関係づけられるかについて述べる。

　「身体反応」は、体をスイッチのオン・オフのように動かすもので、それ自体は音楽的なニュアンスをもたない。非音楽的とも言えるだろう。「身体運動」は、学習者が意識している場合、意識していない場合があるが、体の動きは音楽の何らかの要素を表すものであり、その動きには音楽的なニュアンスが存在する。スタッカートはスタッカートらしい動き、レガートはレガートらしい動きとなるのである。ダイナミクスに合った体の使い方、音高に合った体の使い方をするのが「身体運動」である。「身体表現」は、「身体運動」の上位概念に相当する。音楽作品の全体を学習者の判断により、体の動きで意図的に表現するものである。もちろん音楽作品は、さまざまな音楽の要素や仕組みでできているので、その全てを体の動きで表現できるわけではないが、教師に

よって出された条件や、学習者自らの判断によって選択された要素、仕組みを意図的に体の動きで表すのである。全曲にわたって、あるいはそれに準ずる音楽のまとまりに対して行う体の動きが「身体表現」である。小学校音楽科における「体を動かす活動」のもっとも高次元で総合的な活動が、この「身体表現」であると考えられる。

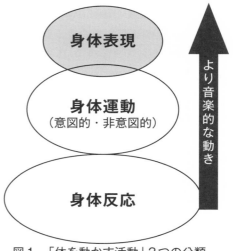

図1　「体を動かす活動」3つの分類

これら3つの分類を図式化すると、図1のようになる。「身体表現」と「身体運動」に交わる部分が生じるのは、特定の音楽の要素を体の動きで表すとき、かなり音楽的な動き（その要素を的確に表す動き）をする場合があり、その動きはそのまま、全曲あるいはそれに準ずる音楽のまとまりに対して行う「身体表現」に活かすことができるものである。従って、動きの質の高さは同等であると考えられるため、「身体表現」と「身体運動」に交わる部分が生じるのである。

2. 鑑賞学習における体を動かす活動の指導モデル

　本節では、体を動かす活動の3つの分類が、実際の音楽科授業でどのように適用されているのか、鑑賞指導における実践例を示す。実践は、令和5年1月にT小学校3学年を対象に行われた鑑賞題材「音の重なりを感じ取って」であり、教材として「白鳥」（サン・サーンス）を扱ったものである。

　本題材「音の重なりを感じ取って」は、「白鳥」（サン・サーンス）を鑑賞教材として、主旋律を奏でるチェロと、伴奏を奏でるピアノの音色が重なって一つの曲を成していることを聴き取り、そのよさや美しさを味わって聴くことが学習のねらいであった。「白鳥」は組曲「動物の謝肉祭」の中の一曲であり、チェロは優雅な旋律で白鳥が水の上をゆったり泳いでいる様子を表し、ピアノは水面に起きている小刻みな小波を表していると言われている。

　指導者である筆者は、「白鳥」の鑑賞指導にあたり、体を動かす活動を取り入れることで、題材のねらいである音の重なりを聴き取り、そのよさや美しさを味わって聴くというねらいをより効果的に達成できるという仮説を立てて、実践を行った。

　指導者は、本題材のねらいを達成させるために、4つの段階に分けて指導を行うように計画した。第1段階は、「白鳥」の音楽がチェロとピアノ、2種類の楽器で奏でられていることを聴き取らせる。第2段階は、チェロとピアノの音の動き方が違うことを聴き取らせること、第3段階は、チェロとピアノの音の動きを体の動きで表すこと。そして第4段階は、4人グループで「白鳥」を「身体表現」すること、である。

2.1　鑑賞指導における体を動かす活動、第1段階「身体反応」

　第1時間目は、上に示した第1段階の指導から行った。まず「白鳥」を聴かせる前に、次のよ

うな指示をした。「これからある音楽をCDで聴きます。いくつの楽器が鳴っているか、聴いてください。いくつかわかったところでその数字を指で示して先生にわかるように見せてください」。こう告げてから、冒頭の30秒くらいCDをかけ、フェイドアウトさせ音楽を止めた。児童は、いくつの楽器が鳴っているかを聴き取り、その数字を自らの前に掲げた。その数字はもっとも小さいもので2、大きいもので5であった。

　指導者は、正答は2であることを児童に伝えた。児童は驚いたり喜んだりして反応を示した。ここで指導者は、2つの楽器は何であったかを問うた。一番目に指名された児童は「ピアノ」と発言し、クラスの多くの児童は「うん、そうそう」などと同意を表していた。次に指名された児童は「バイオリンかな？」と発言した。これに対し、指導者は「うん、惜しいなぁ。実は、同じ弦楽器なんだけど、バイオリンより大きなチェロという楽器なんだよ」と実際にチェロを奏でる格好を真似して見せたり、写真を見せたりして、聞こえた弦楽器の音がチェロによるものであることを教示した。児童は「へぇ。そういう楽器があるんだぁ」「聴いたことある！」など、さまざまに呟いていた。すると「はじめは、ピアノしか鳴っていなかった」と発言した児童がいた。指導者は「よく聴いていたね」とその児童の発言を称賛し、2回目の聴取に移った。

　「では、もう一度今の音楽を聴きましょう。一つ目の楽器が聞こえたら片手をあげましょう。二つ目の楽器が聞こえたらもう片方の手も上げましょう」と指示して、冒頭から音楽を流した。すると児童は真剣な面持ちで音楽に耳を傾け、ピアノが鳴り出したところで片手を素早くあげ、さらにチェロの主旋律が鳴り出した瞬間にもう片方の手をあげた。両手をあげた状態になった。やはり30秒程度でフェイドアウトさせ音楽を止めた。

　この指導場面では、児童に手をあげる「身体反応」を求めている。音が鳴っているかどうかを体の動きで反応するのである。これは単に指定された音が聞こえている、という合図として体の動きを使っていることになる。こうすることで、児童は「しっかり聴き取って、しっかり反応しよう」という心構えができるし、ピアノ、チェロの音が確実に聞こえたことを自覚し、指導者や友達にそのことを示す喜びを感じることができる。また指導者は、児童の「身体反応」の様子を観察し、全員がピアノとチェロの音を聴き取ることができているか、確認することができるのである。

　ここまで「白鳥」の冒頭30秒ほどの音楽を2回鑑賞したことになる。2回の鑑賞で、この音楽はピアノとチェロで演奏されていることを知識として獲得することができた。

2.2　鑑賞指導における体を動かす活動、第2段階「身体運動」その1

　次に第2段階の指導場面に入る。指導者はそれまでとは視点を変えた発問を次のように発した。「ところで、ピアノとチェロの音の動き方は一緒だったかな？」。すると何人かの児童は「ううん、違った」と呟いたが、大半の児童は戸惑っている様子で「わからない」「もう一回聴かせてください」と発言した。そこで「では、もう一度聴きましょう。音の動き方が同じか違うかを聴いてください」と指示して音楽を流した。やはり30秒である。

　音楽を流すと、体を動かすことなくじっと黙って聴き入っている児童がほとんどであったが、3名の児童が自然に体の一部を動かしていた。A児はチェロの旋律の動きを手で大きく空中に描くような動きを、B児は机の上をピアノの鍵盤に見立てて、聞こえてくるピアノの音に合わせて

両手で演奏する動作をした。またC児は、机の上に弧を描くように主旋律のフレーズを指でなぞった。そしてフレーズの切れ目と思われるところで、指をはじめの位置に戻して新たなフレーズを描いていた。

　この3人の児童の体の動きは、どれも音楽の要素を的確に表すものであり、その意味で音楽的な体の動きと言える。これは分類の2つ目である「身体運動」と見ることができる。「身体運動」はさらに2つに分類されるが、この場合は児童が意識して動いているのではなく、自然に、ほぼ無意識のうちに動いている状態であるので、「非意図的な身体運動」に分類される。

　この状態を認識した指導者は、この3名の「身体運動」をその後の指導に生かしたいと考えていた。音楽を止め「どうでしたか？　ピアノとチェロ、音の動き方は同じでしたか？」と改めて問うた。児童は口々に「違う」「全然違う」と呟いた。ここで、チェロの動きをしていたA児が「ホワイトボードに音の動きを描けるよ」と発言した。すると他の何人かの児童も「自分も描ける」と呟いた。そこでA児を指名しホワイトボードに描かせた。それが図2である。指導者は児童全員に向かって「A児が描いた線は、ピアノかな？　それともチェロかな？」と問うた。すると全員が「チェロ！」と答えた。「どうして？」と切り返すと、「滑らかな音だったから」「チェロはゆったりした音楽だったよ」などという発言が次々になされた。

　次に「では、ピアノの音の動きを誰かホワイトボードに描ける人はいますか？」と尋ね、1人の児童が指名され、実際に図3のように線を描いた。この線描を見た他の児童は口々に「うん、わかるわかる」と、線の表現に賛同していた。そして「ピアノは小さな繰り返しがたくさんあったよ」とか「ピアノは脇役で、チェロはピアノの上でメインの音楽をやっているよ」などと、二つの楽器が重なり合って、それぞれ旋律と伴奏を奏でているらしいことを聴き取っていることを発言した。

　ここまでで3回の冒頭部分の聴取を行なった。ピアノとチェロが演奏していて、それぞれの音の動き方が異なり、それぞれの動き方を視覚や言語で確認するに至っている。

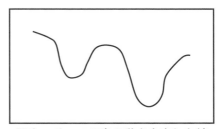

図2　チェロの音の動きを表した線

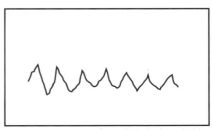

図3　ピアノの音の動きを表した線

2.3　鑑賞指導における体を動かす活動、第3段階「身体運動」その2

　次に指導者は、「先ほど音楽を聴いて、音の動きが同じかどうかを確かめていた時、自然に体が動いていた人がいましたよ。こんなふうにね」と言って、A児やB児、C児の動きを再現して見せた。すると「面白い！」「自分もできる」「やってみたい」という呟きが起こった。そこで「では、みんなもピアノかチェロ、どちらかを選んでその場で動いてみましょう。今度はこの音楽の最後まで聴きますよ」と話し、「白鳥」の全曲を流した。子供たちはどちらかの楽器を選び、思い思いの動きをした。その際、多くの児童はチェロを好んで選び、ピアノを選んだ児童は3～4人だった。

　この指導場面での体の動きは「意図的な身体運動」に分類される。それぞれの児童は、意識的

にピアノまたはチェロの旋律の動きを体の動きで表そうとしているのである。この「身体運動」をすることで、チェロの旋律がゆったりと動いていることを聴き取るだけではなく、より深く感じ取ることができるものと思われる。同様に、ピアノの音の動きが素早くて繰り返されていることを実感できる。ここに、「身体反応」とは違う音楽的な動きである「身体運動」の価値があると考えられる。

　ここからは第2時間目の授業内容になる。指導者は「前の時間に聴いた音楽には、題名がついています。次の3つのうちどれだと思いますか？」と三択のクイズを出題した。三つの選択肢は「スズメ」「カラス」「白鳥」である。すると児童は皆「白鳥！」と答えた。その理由を問うたら、「チェロの音の動きが優雅だったでしょ。だから白鳥が水の上を泳いでいる様子かなって思いました」と児童が発言した。また別の児童は「もしこの音楽がピアノの部分だけだったとしたら、スズメだけどね。だって、ちょこまかした動きでしょ、スズメは。ピアノの音はちょこまかしていた」と発言。

　この指導場面を経て、この曲が「白鳥」という題名であり、チェロの旋律は水面を泳ぐ優雅な白鳥の様子を想起させ、ピアノの音の動きは水面に起きている小波を想起させることを押さえることができた。指導者は「この音楽が『白鳥』であることがわかったので、またこの音楽を体で表してみましょう。動き方が前の時間とは変わるかもしれませんね」と「意図的な身体運動」に誘導した。この場面では、1人で動くもよし、友達と一緒に動くもよし、という具合に、自由に動くことを許可した。さまざまな動きの可能性、多様性を奨励したかったのである。

　すると、1人で動く者あり、ペアで向かい合って手を取り合い、片方の手でピアノの繰り返される音形を表現し、片方の手でチェロの優雅な旋律を表そうとする者もあった。この場面の体の動きは「意図的な身体運動」でありつつ「身体表現」とも交わっている部分である。児童の動きは音楽のニュアンスを捉えたもので、児童は「白鳥らしいチェロの音を体の動きで表そう」などと意識しているのである。しかし、まだこの段の動きは即時的な動き、即興的な動きであり「身体表現」までは完全に行き着いていない「意図的な身体運動」の状態であると分類される。

2.4　鑑賞指導における体を動かす活動、第4段階「身体表現」

　指導は第3時間目以降、最後の段階「身体表現」に入る。「身体表現」とは、音楽の全体を体の動きで表現するものである。本題材では、4人一組のグループで、それまでの「白鳥」の鑑賞学習を生かして音楽の全体を「身体表現」させた。学習した事柄は、この音楽がピアノとチェロの楽器で演奏されていること、それぞれの音の動き方が異なること、チェロは白鳥の動きを、ピアノは水面の小波を表していることなどであった。前出のC児童が行っていた、フレーズを感じ取った「意図しない身体運動」も授業内で紹介していたので、チェロの旋律のまとまり、すなわちフレーズやその切れ目についても言及している。

　音楽全体を表現するので、当然ピアノの音を動く者とチェロの音を動く者とに分かれることになる。しかし何人がピアノ役で何人がチェロ役をするというような指示は行わない。児童らが自らの判断で決めていくことを大切にしているからだ。実際にはどのグループも2人がピアノ役、2人がチェロ役となって、動きを考えていた。ピアノの旋律は水面の波なので、片膝立ちをして手を波のように動かすグループがあったり、同様の動きをしているその周りを優雅に羽ばたくよ

うに白鳥（チェロ）の動きをするグループがあったり、表現の様相はさまざまであった。

　もちろんこの活動は「身体表現」をつくっている活動である。意図的に、曲の全体を見通し、音楽全体を表現しようと仲間と相談し、練習してつくりあげていく表現なのである。

　「身体表現」の発表会で、あるグループは、「白鳥」の音楽がABAの三部形式であることを見事に捉え、Aの再現部ではピアノ役とチェロ役を交代させ、さらにコーダの部分では、4人で内側を向いた円を描くように位置して音楽に合わせて円を小さくしていき、最後は手を取り合って花がつぼむような「身体表現」を行なった。工夫を凝らした表現であると認められ、他のグループの児童らからも大きな拍手がわき起こった。

3. 鑑賞指導における体を動かす活動の指導モデル化

　前節では、3学年における鑑賞題材「音の重なりを感じ取って」の指導において、3つのタイプの体を動かす活動をどのように取り入れているか報告した。

　本節では、3つのタイプの体を動かす活動が、鑑賞指導においてどのように奏功すると考えられるか、学習指導要領との関連や、授業を記録したビデオ、児童が記述したワークシートから検討を加えたい。

　まず、学習指導要領において鑑賞の指導事項がどのように記述されているかを見ていく。小学校学習指導要領（文部科学省, 2018）の第3学年および第4学年の内容Bの(1)のア（思考力、判断力、表現力等に関する資質・能力）には「鑑賞についての知識を得たり生かしたりしながら、曲や演奏のよさなどを見いだし、曲全体を味わって聴くこと」とある。またイ（知識に関する資質・能力）には「曲想及びその変化と、音楽の構造との関わりについて気付くこと」との記述がある。ここで言う「音楽の構造」とは、小学校学習指導要領（平成29年告示）解説音楽編（2019）において、「音楽を形づくっている要素の表れ方や、音楽を特徴付けている要素と音楽の仕組みとの関わり合いである。」と示されている。また、「音楽を形づくっている要素とは、『第3　指導計画の作成と内容の取扱い』2(8)に示す『ア　音楽を特徴付けている要素』及び『音楽の仕組み』である。」と示されている。「音楽を特徴付けている要素」には、例えば、前節で報告した事例で扱った「音色」「旋律」「音の重なり」が含まれる。「音楽の仕組み」には、ABAの三部形式にみられるような「反復」や「変化」などが含まれている。

　本研究において報告した「白鳥」の鑑賞学習において用いられた3つのタイプの体を動かす活動は、学習指導要領が示す内容とも関連が認められる。

　指導の第1段階は、「白鳥」の音楽がチェロとピアノ、2種類の楽器で奏でられていることを聴き取らせたが、そこで行ったのは「身体反応」であった。楽器の音色など特定の音楽を特徴付けている要素を聴き取らせることを目的とした活動には、それが聴き取れたかどうかを、学習者が「身体反応」によって表明することが有効である。それは、学習者自身が「身体反応」するために「○○を聴き取ろう」という心構えができること、実際に反応できたときの喜びがあることが、授業を記録したビデオからも見て取ることができた。指導者は学習者の「身体反応」の様子を観察して、形成的評価に役立てることが可能となる利点もあると考えられる。

　指導の第2段階、第3段階では、ピアノやチェロの旋律を体の動きで表す「身体運動」を位置

づけた。これも、音楽を特徴付けている要素や反復や変化などの音楽の仕組みに気付くことに有効である。チェロがなめらかでゆったりした旋律であり、ピアノは細かなリズムが反復されていることなどを体で動く（非意図的の場合もある）こと、またあるいは友達の動きを見ることで実感し、視覚的にも確認することが可能となるのであることが、授業を記録したビデオから観察できた。このことから、鑑賞における知識に関わる資質・能力である「曲想及びその変化と、音楽の構造との関わりについて気付くこと」を強化させるために「身体運動」が有効であると考えられる。

　指導の第4段階では、「白鳥」の曲全体を体の動きで表現する「身体表現」を位置づけた。これは、鑑賞における思考力、判断力、表現力等に関わる資質・能力である「鑑賞についての知識を得たり生かしたりしながら、曲や演奏のよさなどを見いだし、曲全体を味わって聴くこと」を強化させるために有効である。児童はそれまで「白鳥」を奏でる楽器の音色を「身体反応」をもって確かに聴き取り、またピアノやチェロの音の動き方の特徴を「身体運動」をもって確かな知識として身に付けてきた。学習の総括として「身体表現」を取り入れることで、曲や演奏のよさなどを見いだし、曲全体を味わうことがより強化されると考えられる。

　この「身体表現」について、3学年のある児童は次のようにワークシートに記述している。設問は、「動いてみてはじめてわかったこと、感じたことがあったら教えてください」である。

　体を動かすことで、曲全体を味わって聴いていること、また学習指導要領の「音楽との一体感を味わい、想像力を働かせて音楽と関わることができるよう、指導のねらいに即して体を動かす活動を取り入れること」という記述の具体を表していることが、児童の記述から見て取れる。

> 5. 動いてみてはじめてわかったこと、感じたことがあったら教えてください。
>
> ・私はピアノを最初やっていた時、白鳥がとびたとうとしている波だというのがわかりました。そして、チェロにかわった時、とんでいる白鳥になりました。目をつぶるととんでるように思えました。

> 5. 動いてみてはじめてわかったこと、感じたことがあったら教えてください。
>
> 動くと自分が白鳥になった気分になってチェロの音がもっとうが番に聞こえる。

4. 考察と今後の課題

　以上、本研究では3つのタイプの体を動かす活動が、鑑賞指導において有効に用いられるという一つの指導モデルを示した。それは、以下のような図でも表すことができる。

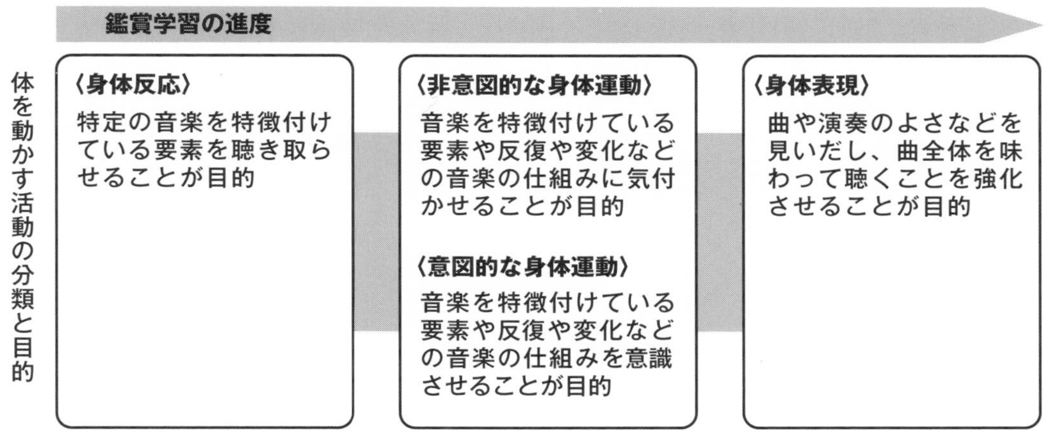

鑑賞学習の進度

体を動かす活動の分類と目的

〈**身体反応**〉
特定の音楽を特徴付けている要素を聴き取らせることが目的

〈**非意図的な身体運動**〉
音楽を特徴付けている要素や反復や変化などの音楽の仕組みに気付かせることが目的

〈**意図的な身体運動**〉
音楽を特徴付けている要素や反復や変化などの音楽の仕組みを意識させることが目的

〈**身体表現**〉
曲や演奏のよさなどを見いだし、曲全体を味わって聴くことを強化させることが目的

図4　「体を動かす活動」の分類と鑑賞学習の指導モデル

　小学校学習指導要領における体を動かす活動とリトミックとの関連についてはすでに指摘されているところだが、本研究において体を動かす活動を3つに分類し、一つの指導モデルを示すことができたことは、リトミックの理念や指導法が、小学校音楽科の鑑賞学習において体を動かす活動が有効に働くことを示しているものと考えられる。

　今後は、小学校音楽科における体を動かす活動と、他の分野である「歌唱」「器楽」「音楽づくり」「〔共通事項〕」などにおける指導モデルについても検討していきたい。

引用および参考文献

桑原章寧 (2010)「小学校音楽科鑑賞指導におけるリトミックの可能性：身体表現活動を取り入れた鑑賞の指導内容構成」ダルクローズ音楽教育研究, 35, 23-32.
菅沼邦子 (2010)「小学校の音楽授業におけるリトミックの活用」ダルクローズ音楽教育研究, 35, 60-66.
髙倉弘光 (2014)「小学校低学年における動きを伴った鑑賞授業：ダルクローズ・リトミックとの関連から」音楽教育実践ジャーナル, 12 (1), 75-78.
髙倉弘光 (2015)「日本の小学校教育におけるジャック＝ダルクローズの教育の活用に関する一考察」リトミック教育研究 理論と実践の調和を目指して 日本ダルクローズ音楽教育学会創立40周年記念論集,123-131
髙倉弘光 (2018)『こども・からだ・おんがく髙倉先生の授業研究ノート』音楽之友社.
橋本依子 (2010)「小学校音楽科教育におけるリトミックの活用について」ダルクローズ音楽教育研究, 35, 67-76.
文部科学省 (2018)『小学校学習指導要領（平成29年告示）』東洋館出版社.
文部科学省 (2019).『小学校学習指導要領（平成29年告示）解説：音楽編』東洋館出版社.

「音楽療法」におけるリトミック活動についての一考察
——デュトワの足跡を中心に——

細 川 匡 美

A Study of Eurhythmic Activities in "Music Therapy":
Focusing on Dutoit's achievements

Masami HOSOKAWA

はじめに

　音楽を用いて心身を癒やす行為は、古代ギリシャの哲学者プラトン（Platon）が音楽は魂の薬であると考えたように古くから行われていた。筒井（2002）は、「古代医療が音楽と密接に交流する中で音楽療法の基盤が定着し、音楽の持つ癒やしの力が近代科学の発達とともに、一度は医学と分離される中で 20 世紀になって再び評価され、米国をはじめとする諸外国での音楽療法が発達するに至った」[1] と述べている。ジャック＝ダルクローズ（Jaques-Dalcroze, Émile 1865-1950）が活躍した 19 世紀末ヨーロッパでは障害者・障害児に対する教育が注目され、クラパレード（Claparède, Edouard 1873-1940）やモンテッソーリ（Montessori, Maria 1870-1952）など、リトミックを発達障害児の施設や教育現場に導入する医師や教育者たちが出現した。その先人の業績に鑑みて、リトミックで障害児の発達を養う活動を実施し、リトミックにおける音楽療法を発展させ、その教育者養成に尽力した人物がいた。その人は、クレール＝リズ・デュトワ（Dutoit, Claire-Lise 1921-2008）[2] である。ジャック＝ダルクローズの人生と作品を纏めた著書『リトミックの創始者ジャック＝ダルクローズ』[3] に、彼女の記述が所収されていることは、よく知られていることであろう。彼女の記述は、リトミックによる音楽療法の歴史や種類、その方法について知ることができる貴重な文献のひとつである。しかし、ここには出典が明記されておらず、彼女自身の実践もはっきり示されていない。また、デュトワ自身に関する資料はごく少なく、彼女の活動や実践方法についても不明な点が多い。

　本研究では、デュトワによる音楽療法の経験から得た考えと方法について精査し、彼女のリトミック活動における障害児への実践とその変遷について検討していきたい。なお、本論における「音楽療法」は、リトミック教育によって心身の様々な障害の改善を支援していくことを意味とする。

95

1.　先行研究の検討と研究の目的

　これまでリトミックにおける音楽療法については、ハブロン（Habron, John）の「音楽療法におけるリトミックと特殊音楽教育」[4] がある。彼は視覚障害や聴覚障害のリトミックについて言及し、リトミックの動きと音楽の関係による療法の有用性を述べている。ここでは、音楽教育の特別支援分野における重要人物としてデュトワを挙げ、バックマン（Bachmann, Marie-Laure）とウィトシンスキー（Witoszynskyj, Eleonore）が彼女から教えを受けたことが記されている。しかし、デュトワの実践や考え方については触れられていない。また、清水・武田（2022）[5] は、乳幼児の音楽活動、及び音楽療法の視点からデュトワの提案した楽器の使用について述べている。その内容は『リトミックの創始者エミール・ジャック＝ダルクローズ』（1988）からデュトワの記述を纏め、音楽療法において多様な楽器を用いる重要性を説いているものであり、彼女が実施した音楽療法については述べられていない。このように、デュトワの文献を引用する研究は少なくないが、彼女自身の実践に焦点をあてた音楽療法に関する研究は管見のところ見当たらない。

　本論考を進めるために貴重な資料として、ハブロンとバックマンの対談[6] が挙げられる。これを先行研究とする見方もあるが、この記事は論考というよりもバックマンがデュトワとの出会いや、障害児にリトミックによる療法を一緒に実施した経緯などが語られた資料とみるべきものであり、本研究を進める上で大きな情報源となった。そのほか、デュトワ自身の記述（*Le Rythme* : 1951）[7]、バックマンの手記などからデュトワについて精査する。

　本研究の目的は、デュトワの音楽療法の考えと実践について検討し、近代のリトミック音楽療法の一端を明らかにすることである。個々に実践されていたリトミックの音楽療法が、リトミックの一領域として確立され、リトミック教育体系の一部となった経緯やデュトワの業績を知ることは、現在のリトミックおける療法の考え方や教授法へのひとつの手がかりになると考える。

2.　障害児のためのリトミックのはじまり

　デュトワによれば、1911 年にジュネーヴで知的障害児のためのリトミック教室がポルタ（Porta）によって、また 1918 年にバルセロナでジョンゲラス（Llongueras, Joan）が視覚障害児に、1925 年にはチューリッヒでシャイブラウアー（Scheiblauer, Mimi 1891-1968）が聴覚障害・知的障害児のためにリトミックを教えたことが記されている[8]。しかし、1917 年にはメアディル（Meredyll, Marguerite）がロンドンの施設でリトミッククラスを指導していた[9] という記述があり、開始の年代についてはデュトワの説明と誤差がある。バックマンは「リトミックは多くの国で非常に早い段階で広まったため、障害のある人に誰が最初にダルクローズ法を使い始めたかを言うのは困難だ」[10] と述べた上で、よく知られている人物としてシャイブラウアーを挙げている。実践報告の年や準備段階の期間、有効であると周知された時期などにより、その始まりは不分明である。したがって、バックマンの言う通り、その嚆矢について明言することは難しい。また、ジャック＝ダルクローズもヘレラウ時代（1911-1914）から視覚障害者に対してリトミックが彼らの集中力や想像力を発展させ、周囲との対話を高めるに相応しいと考えていた[11]。彼はその後、『リトミック・

芸術と教育』(1930)[12]に視覚障害者のための方法を項目別に区分し記している[13]。このジャック＝ダルクローズの早い時期からの想起は、リトミックが「音とリズムの学習に基づいた精神的・肉体的な特殊教育」[14]であるからこそ、障害者や障害児教育・療法的方法と結び付けられたと考えることができる。

3. デュトワの経歴について

デュトワは 1921 年にジュネーヴで生まれ、出生時の姓名はカルリエ (Carlier, Claire-Lise) である。デュトワ自身の記述がないため経歴の年代は確実とは言えないが、彼女は 1940 年代から 50 年代にかけて、ジュネーヴのジャック＝ダルクローズ研究所 (以後 IJD[15] と表記) でディプロムを取得し、心理学の講義を受けるなどの勉強を経て、小学校で教鞭を執った。その後、聴覚障害の子どもに療法的リトミックを自宅のスタジオや、ジュネーヴのモンブリアン (Centre pour Enfants Sourds de Montbrillant) の視覚障害児施設で教えていた[16]。彼女は、1963-64 年に著書の執筆を依頼され、1965 年に『リトミックの創始者ジャック＝ダルクローズ』を共著で出版している。また、1967-71 年の約 4 年間はクロプティエ (Croptier, Marguerite)[17] の後任として IJD の所長を務めた。

IJD の所長を退職したデュトワは、自分たちの私立の施設 (精神運動表現センター Centrev d'expression psychmotrice) をバックマンらと共に開設し、障害のある子どもにレッスンをした。晩年はプロフェッショナルとしての活動から退き、フランスやモナコに居を構え、最後はリモージュで過ごし、2008 年に亡くなった。彼女は生涯で 3 回結婚をしており、2 度目の夫となった弁護士のデュトワ氏との結婚が一番長かったため (死別)、本人はこのデュトワ姓を長年に亘り名乗っていたと思われる。従って、彼女の初期の文献等は、デュトワ (Dutoit) の名前ではなく、カルリエ (Carlier) の名でなければ見ることはできない。3 度目の結婚は 1973 年に銀行家で IJD 設立会議の重要メンバーであったロンバール氏 (Lombard) だったが、2 年後に死別した。デュトワの人生から窺えることは、彼女が自分の家庭を持ちながら、障害児に対してリトミックによる音楽的治療法の効果を信じ、実践をし続けたことである。では、彼女はどのような実践をしていたのだろうか。

4. デュトワによる音楽療法

4.1 デュトワの実践

デュトワは「聴覚障害の子どもたちへのリトミック教育」と題する報告書を『リズム誌 (1951)』に載せている。これはモンブリアンの施設における記述であるが、彼女は、聴覚障害児に対するリトミック教育の目的について、感覚教育と運動の間で器官の働きに必要な諸関係を確立することを挙げている。その目的は、子どもたちの教育の大部分は視覚的なものに依るので、子どもたちが意思と注意力の観点から最も促されるべきであり、発音と読唇 (当時のジュネーヴは手話が普及していなかった) のレッスンでは目をそらすなど気を抜くことは許されないと述べている[18]。のちに彼女はその理由として「聴覚障害児は学校でどれほどの注意力を要求されるのか想像に難くない。社会的に必要な言語の習得の困難、会話の筋道を見失わずにいることへの克服など、常

に警戒を緩められない」[19]と彼らの困難について記している。

　実践にあたり、彼女は聴覚障害児を対象としたリトミックの重要なポイントを2つ挙げている。

　1つ目は、生理学的根拠に由来しつつ、ゆっくりした歩行、普通の歩行、速い歩行、駆け足をして、そのあと知的欲求に基づき、グループに分け、休止したり、また再開したりすることである。このことについてデュトワは、これは聴覚をもつ子どもたちが受けるのと同じ構成、力量、バランスなどの感覚を与えるために辿る過程を示すもの[20]と述べている。この記述は、デュトワが社会に適合できない控えめな聴覚障害の子どもたちが、他の子どもたちと同様に輪踊りやダンスをやめようとしなかったことを見て、彼らが社会環境に溶け込みたいという強い願望があることを知り、たとえ困難があったとしても、平等にどの様な子どもたちにも喜びを与えることができることを確信したことを示している[21]。

　2つ目のポイントは、メトリック（拍や拍子）を取り入れ、短い拍と長い拍、休止と繰り返しの感覚を身体で感じる手段を、音楽的準備ができていない子どもに、最も完全に提供できるようにするため、規則的なものと不規則的な拍子のダンス（ステップ）から始めることである。

　このリズム構造の感覚は、まず理論的に、そして断片的に説明され、そして視覚的に応用される。彼女は、この原理が身に付けば、子どもたちは音楽構造の領域に入り込み、常に理論的な状態で形式を理解するに至ると捉えている。レッスンは幼い子どもたちにとって、語彙も読唇にも多くの問題があり、彼らの認識は限られていた。まず習得すべき要素を提示し、そこで初めて説明をするなど、最初の基礎をおくことが肝要であり、レッスンは身振りやデッサンを使用して進められる。そして、これと並行して、音価や記譜の学習に結び付ける。

　また、デュトワは、共振（バイブレーション）の研究で効果を示す結果に到達したいと考えていた。そのひとつの解決方法としてタンブリンを用いている。彼女はタンブリンの使用により、通常のリトミッククラスでしていること、例えば速さのニュアンスの学習、強弱、拍と空間の分割、速度変化、アクセント、不均等な拍、不均等な拍子、抑制など、基本的なリトミックの内容が可能となると考えていた。彼女は「低音はタンブリンに張られた皮を打つ。手はタンブリンの上に置かれ、鼓膜が小鎖骨に対してなすように、タンブリンが振動を手に伝える」[22]というシャイブラウアーの方法について述べている。このとから、彼女はシャイブラウアーからタンブリンが携帯用の鼓膜の役を果たしていることを学び、自分のレッスンに取り入れたと考えられる。さらに、彼女は、聴覚障害児は様々な楽器の振動の質の違いを区別できることが判明したと記しており[23]、リズム（抑揚）をつけて話すことが困難な子どもたちに、この方法を適用し、リズムから強弱、ニュアンスに至る一連の練習が可能になるとしている。つまり、共振の原理を把握し指導に生かし、子どもたちが最も敏感に身体で感じる共振を伝達するものとは何かをデュトワは模索していた。彼女の提案によるものか否かは検討の余地があるが、モンブリアンの学校では特別な設計によって音波の伝達し易い特製の高い天井の恩恵に浴し、子どもたちは共振の導体となっている配管パイプ、窓ガラス、いくつかの部分の壁、扉や窓にすぐに気付くことができるような工夫がされていた。

　共振は聴覚障害児にとって子どもたちが想像、創造、自制を育成するための手助けとなるものであるが、一方、模倣など視覚的能力、集中力を発揮しなければならない彼らにとって、リトミックは緊張の緩和をもたらすものでなければならないとデュトワは強調している。ジャック＝ダル

クローズも「教師が生徒に綿密な注意を命じ、"脳の集中"を要求するときでも、彼らに端正な―従って緊張した―姿勢をとらせない」[24]ことが肝心だと述べている。ジャック＝ダルクローズにとってリトミック教育は、なによりもまず、子どもたちが自分たちの人格性に目覚め、自分たちのもって生まれた気質を伸ばし、一人ひとりの命のリズムをあらゆる障害から解放することが重要であった[25]。デュトワが、緊張しない環境が集中力を発揮させると主張する点は、ジャック＝ダルクローズと同じ考えを持っていた、またはジャック＝ダルクローズから学んだことを実践に生かしていたといえるだろう。

4.2　バックマンの記述から読み取るデュトワの実践

　前項で記したものは、1951年のモンブリアン施設におけるデュトワの初期の実践である。その後の実践については彼女自身の記述は見当たらず、弟子で協力者であったバックマンの記憶の中、およびバックマンがデュトワから学んだことを生かした実践方法に準じていると考えられる。

　IJDの所長を退任したあと、デュトワはバックマンらと協働して私立の施設（精神運動表現センター）を立ち上げたが、その間に、モンブリアン施設から10代（10名）の聴覚障害（難聴含む）のグループがショーを催すための手助けを依頼されている。その様子を記したバックマンの記述からデュトワらの実践について検討する[26]。

　彼女らは毎週モンブリアン施設に通って、子どもたちと一緒にショーのレッスンを行った。彼らは、うまく動くこともあるが、暗闇の中では（舞台上、暗転の場合など）感覚情報や経験が十分でないために、恐れて動けない状態であった。そこでデュトワたちは、彼らが想像力を伸ばすことに重点をおくことにした[27]。彼女たちの工夫は、絵による表現を行ったことである。これは想像する練習で、「屋上に階段がある家」のような架空の家を描くことを提示すると、彼らは窓を草むらの中に描く者や煙突を床に書く者も出現した。また、ジェスチャーや言葉を活用し、目を閉じても移動できるようにさせ、床上やタンバリン、ボールに手を置くなどして、その振動を通してピアノの音の動きへの影響を感じさせると、ジェスチャーや進行を音楽に適応させることができたと記している[28]。

　ショーのキャストと脚本は彼らたちに任せ、デュトワとバックマンらは音楽を設定した。「あくまでも子どもたちのアイディアを形にする手伝いをさせていただいた」[29]という当時を振り返ったバックマンの記述は、子どもの主体性を重視したデュトワの考えでもあり、現在の我が国で進められている能動的な学びの精神と一致しているといえる。ショーの内容は、毎日何か具体的なことが起こる（日常生活の状況を簡単に再現する）ことを題材に表現し、夜になるとその日の経験が夢に変わる（彼らの想像力が求められるところであり、舞台上の絵の間を暗闇のなかで移動する能力も求められる）というもので、「いつでも（毎日は）夢があれば十分 À chaquenjour suffit son rêve」というタイトルが付けられた。想像力と表現で創造したショーは、彼らに達成感や自信、仲間との一体感、音楽への理解を深めるよい経験を与えたと推察できる。

　バックマンは、デュトワから学んだことを、一人ひとりの子どもを詳細に虫眼鏡で見るように観察すること、「普通の（normal）」ものだけを扱っていたら分からないこともあること（比較することはジャック＝ダルクローズの基本理念のひとつである[30]）、そしてダルクローズ・セラピス

トになるためには、時間・空間・エネルギーに関する「ダルクローズの目」を持つべきであることを挙げ、デュトワが素晴らしい観察者であったと記している[31]。例えば、ある子どもがボールの扱いに問題があるとすれば、これはエネルギーの問題か、スペースの問題かが分かれば、彼を助けることができる。それは、音楽は動きのライン、持続時間、方向、ニュアンスを示すことで、モデル化することもできるからである。つまり、彼女らは、ジャック＝ダルクローズの教育観や教育法に基づく視点を大切にしていたことがわかる。

5. ジャック＝ダルクローズの障害児教育の考えとデュトワの考え

　ジャック＝ダルクローズは、障害のある子どもたちに個人の人体の秩序を確立することは、直接的に精神に作用するとして、「リズム感のないのとたたかうために、私は歩行の訓練をする。それは X 歩で歩かせ、号令によって止まらせ、大きな歩幅と小さな歩幅のセットを交互にさせ、足と腕と手の調和を確立させることである」[32]と記している。デュトワも歩くことの練習、止まる、歩行の再開をレッスンのポイントとして挙げている。特に聴覚障害児は、程度に限らず、平衡感覚に様々な変化を受けやすいため、肉体の動きの繋がりにおいて歩行は重要な役割をもつ。筋肉感覚を分析し、運動を分解して、時間、空間、エネルギーとの関係を分析することによって自分を深く認識する手助けとなる、とデュトワは述べている[33]。

　また、聴覚障害に対してジャック＝ダルクローズは次のように述べている。

　　　分節言語を構成する音声感覚のほかに、固有の特徴によって聴覚障害者が知覚できないものがまだ他にもある。それは、彼にとって振動に過ぎない雑音と楽音であるが、彼はそれらのニュアンスと原因を大変繊細に識別している。例えばローラ・ブリッジマン（Laura Bridgman）[34]は約 40 人の仲間の各々をその歩き方によって認識し、同時に仲間の各々についての固有の音を発した。これは一種の条件反射であり、呼称に相当するサインである。間違った場合、彼女は手の甲を叩いて自らを叱責した。[35]

　つまり、ジャック＝ダルクローズは聴覚障害者が共振によって、さまざまな音を識別する能力を獲得できる事例を挙げ、その信憑性を記している。また、彼は知覚において、接触と運動のみが形づくる意識のひとつの形式の内に、興味深く正確に我々を導き入れてくれる表現は注目すべきものであるとし、「楽音に関して、彼らは振動の性質に応じて様々な楽器を識別し、音の高さ、リズム、拍子、各小節を構成する音符の音価を把握することができる」[36]と述べ、振動によって識別することにより運動についてのこれらの既知事項が、彼らにとっては永遠に分かり得ない音楽というものが何であるかを、彼らに理解させ得ると考えていた[37]。

　聴覚障害児にとって音楽は想像の世界である。デュトワは彼らが常に酷使している視覚を使わずとも表現ができ、自分自身に集中できる滅多にない時間のひとつとなり、自立的にする時間であることが、リトミックによってもたらされる喜びとなると考えている[38]。デュトワとジャック・ダルクローズは、聴覚障害のある彼らが音楽という世界を知り、それが人生の楽しみや喜びとなることを目指していたことがわかる。

さらに、ジャック＝ダルクローズは、障害のある子どもの場合、さまざまな困難はあるが、リトミックにおいては体と心の動きは生きるために必要な直感を発達させ、判断する感覚や集中力、自発性、個人の創意といった能力を刺激し、心の動きは体全体に安らぎと秩序をもたらすものと述べている[39]。ただし、彼は障害を全面的に治療するには、教師は医師を通して病気の原因を把握し、子どもの病気に関する知識を豊富にもつ両親の努力に協力しなければならない、と指摘している[40]。これに対しデュトワは、リトミックにおける「精神運動の練習療法は、知能、運動、感情の働きに訴えるような練習を選んで行われる」[41]と協力者で心理学者のフェルドマン（Feldman, Harry 1919-1964）の記述を基にして、その働きを6グループに分けて記している。それは、A─注意力、集中力、自分自身の統御、記憶、B─空間の認識、身体の認識。C─他人との接触、責任感、社会的統合、D─均衡、運動の整合、自立した身振り、E─想像、感受性、音楽性、個性、ニュアンスの感覚、F─リラックス、である[42]。彼女は必要とされる全ての練習が、注意力を慎重させるものとして、以下のように記している。

　　　わたしたちが運動のプランに基づいて子どもたちに要求することがらのうちで、精神の統御なしですますことができるものなど何もありはしない。注意力は登録の能力である。その次の集中力は、持続力を含み、提起された問題について長短の差はあれ一定の時間、注意を注ぎ、精神を警戒と緊張の状態に置く。[43]

このように、デュトワの障害児に実施した方法とジャック＝ダルクローズの方法は、集中力の獲得や、共振の活用、音楽を理解し喜びを知る大切さなど、同じ見解を示している。換言すれば、デュトワはジャック＝ダルクローズの教育理念に依拠し、適合させながら実践をしていたといえるだろう。

6. 精神運動再教育学者、心理学者たちとの連携

デュトワはIJDの学生時に、リトミックの授業の他に、幾つかの心理学の講座を受講していた。とりわけ、ジュネーヴ大学やルソー研究所（Institute Jean-Jacques Rousseau 1912年にクラパレードが設立した教育・研究機関）で臨床心理学を教えていたレイ（Rey, André 1787-1965）に師事した。また、神経学と児童心理学を専門とする精神科医のフェルドマンは、デュトワのもとに自分のクライアント（精神運動面で障害のある子ども）の多くを送っていた[44]。フェルドマンは精神運動療法がリトミックをすることで良い効果が養われることを確信していたひとりである。彼はリトミックが及ぼす効果について次のように記している。

　　　子どもの精神運動学的障害の治療は何よりリトミック体操による精神運動リハビリテーションに依存する。このリハビリテーションのメソードは新たな運動についての活動の発達を可能にするものであろう。治療を受けた子どもたちは行動の面で、より正確な実習をすることができるようになるだろうし、このメソードによって彼らの要求を制御することが可能となり、最終的には現実とより適合する態度を習得することができるだろう。[45]

　フェルドマンはデュトワと協力して、精神運動評価とリハビリテーションのためのリトミックのエクササイズを開発した[46]。ジャック＝ダルクローズも医師の協力が必要であると述べているように、治療に関する分野では専門家との協力が必要不可欠であり、デュトワ自身も勉強していた。

　彼女が行っていた障害のある子どもたちを対象としたリトミックにおける療法は、精神運動療法・精神運動再教育（psychomotor re-education）と呼ばれていた。19 世紀中期から 20 世紀中期にかけて障害児に対する教育・治療が注目され、とりわけフランスでは医学の限界を悟って教育に期待し[47]、心理学、神経心理学、精神運動療法（psychomotorice）を重視した[48]。ジャック＝ダルクローズもフランスの児童精神医のロバン（Robin, Gilbert 1893-1967）の著書[49]を推薦している[50]。

　デュトワも「子供における精神運動性の障害の治療学は、何よりも、リトミックによる精神運動の練習療法に根拠をおく」[51]と記している。また、精神運動学は、一方では心理的なある一定の運動現象を把握するものであり、他方では教育的な治療方法の名称である[52]。これは、人間の身体運動と感情の状態や思考、社会環境との結びつきに関わることで、精神運動的な治療概念の発展は 60 年代から始まり、その内容は大部分リトミックから得ているとされる[53]。スイスではチューリッヒのリトミック教師、スザンヌ・ナヴィル（Naville, Suzanne）による神経生理学の基礎（本来、「精神運動再教育」と言われている）となる精神運動療法が挙げられる。現在、日本音楽療法学会によると、「音楽療法」とは音楽の持つ、生理的、心理的、社会的働きを用いて、心身の障害の回復、機能の維持改善、生活の質の向上、行動の変容などに向けて、音楽を意図的、計画的に使用することを定義づけているが[54]、障害者に対するリトミックの実践について現在では、単に「音楽療法（music therapy）」や「特殊音楽教育（special music education）と称されていることも少なくない[55]。デュトワが活躍した当時は「精神運動療法」をリトミック教法で行うことが、今では「音楽療法」や「特殊音楽教育」とほぼ同じ意味をもって使われていると考えられる。

　デュトワは IJD の所長を退任したあと施設を開設しているが、フェルドマンと年 2 回の会合を持ち、彼から送られてきた数名の子どもの症例について話し合った。この会議には、子どもの世話をする心理学者や子どもの教師も参加していた。デュトワらは、様々な障害を持つ子どもたちへの対応に関して科学的根拠を基に、丁寧に、オープンにすすめていたことが窺える。ジャック＝ダルクローズがリトミック教育を音楽的な側面からだけではなく、生理学や心理学などの科学的な根拠に裏付けられた教育であることを目指したことと、デュトワの障害児療法の考え方は同じ方向性をもっていたことがわかる。

7.　音楽療法における養成課程の構築

　IJD ジュネーヴでは基礎学年で心理コースが開設されたとき、当時在籍していたピアジェ（Piaget, Jean 1896-1980）は、遺伝心理学（genetic psychology）と発生的認識論（genetic epistemology）を講義していた。そのときマスタークラスで受講したというバックマンは、「教師や協力者のスタッフ全員がピアジェの周りに集まり、多くの人が講義に参加していた。さらに統計学、臨床心理学、研究（様々な分野でピアジェのテストを適用して子どものクラスで研究することを含む）、心理言語学、子どもの精神病理学についての紹介があり、より深く学びたい方向性も選択

できた」[56]と当時を振り返って述べている。バックマンは 1967 年（Diploma）と 1968 年（therapie psychomotor）に免許を取得しているので、上記の講義はデュトワが IJD の所長就任以前のことになる。バックマンは、デュトワによる精神運動療法の実践的な訓練を受け、その後、彼女が精神運動学の療法士のトレーニングでデュトワのアシスタントを務めたことを記している[57]。従って、デュトワによる療法に関する授業が存在したことは明らかである。所長就任によってデュトワは、自分の専門である精神運動の治療（thérapie psychomotiruce）に関する養成課程を確実に広く施行させたといえる。

　デュトワは 1967 年に IJD の所長に任命され、その間、療法の要素が含まれているライセンスは一般的なダルクローズ・ディプロマと並行して、精神運動療法、または精神運動再教育におけるダルクローズ・ディプロマと呼ばれる特別なライセンスを認定した。バックマンとデュコサルはそのディプロマ獲得者の第一期生であった。つまり、当時 2 種類のライセンスがあった。「ディプロマ＋音楽と芸術を中心とした（le diplôme ＋ musique et art-centré）」IJD だけで提供されるものと、「精神運動療法＋音楽を中心とした（thérapie psychomotrice ＋ développement par la musique-centré）」もので IJD と大学付属の精神運動技能学校によって提供されるライセンスである。時間が経つにつれて、この 2 種のライセンスは同等のものになり、現在は療法に特化したライセンスはない[58]。

　デュトワの指導の下、研究所は 1970 年 6 月にジュネーヴ音楽学校連盟設立プロジェクトに参加することになり、1971 年には、ダルクローズの教育を導入している教育機関、大学、大学に付属する精神運動学の学校などは統合され、IJD トレーニングと精神運動学校（名前は確認中）は、現在は存在しない。

　デュトワは聴覚障害児、および様々な障害のある子どもに療法的リトミックを実施した他に、リトミックの療法士を養成するクラスを開講し、そのライセンスを発行したことは大きな業績であろう。そして、重要と思われるのは、彼女が実際に障害のある子どもたちと関わった体験により、このような治療的側面をもつリトミックをダルクローズ研究所に持ち込むべきだと信念をもって実行したことである。

8. 考察

　デュトワは障害児に対して医療的治療ではなく、リトミック教育を通して育成・発達していく道を切り開いた人物である。先人には多くの事例があり、その既存の研究を礎に、デュトワは自分で実践し観察したものを、発達心理学などの専門家と相談しながら進めていた。バックマンは、彼女の実践は科学的なものではなかったが、その観察眼は素晴らしいものであったと述べているように、臨床的実験を含めたレッスンにより、デュトワは障害のある子どもたちに自信を与え、音楽の世界に誘導したといえる。当時の障害児を対象としたリトミックは、精神運動療法を土台にしたものであった。

　世界的には、19 世紀中頃から様々な教育者や医師が障害児教育に音楽と運動を取り入れた試みがなされていた。例えばベルギーの医師ドクロリー（Decroly, Jean-Ovide 1871-1932）やモンテッソーリ自身が創設した施設や学校においても、リトミックを学んだ教師たちによって教育的な療

法、および音楽教育が実施されていたが、彼らは自分の教育理念に基づいた独自の方法で行っていた[59]。これに対してデュトワは、ジャック＝ダルクローズの理念を踏襲した方法でリトミックによる音楽療法を実施している。ジャック＝ダルクローズの教育理念や教育法を遵守しながら療法に適用したデュトワの方法は、その後の障害児に携わる教師やリトミック教師たちの手本となり、その活動は療法的リトミック教育の発展に寄与したといえるだろう。

　また、彼女はこれを長く継承させるように指導者養成のための授業を実施し、療法専門の正規のライセンスを導入した先駆者であった。バックマンのように、彼女から学んだリトミック指導者が、音楽療法の術をもって障害児に音楽の喜び、楽しさ、社会とのつながりをもつことに助勢する姿は、デュトワが考えた音楽療法の発展ための思索であったと考えられる。彼女の障害児を対象としたリトミックへの尽力は、療法専門の授業導入や療法士を伴ったライセンスによって、その枠組みを構築するに至った。近代リトミックにおける音楽療法の評価基準は、デュトワによってなされたことは明らかである。

　デュトワはそれのみならず、所長退任後は学校（私立の施設）を設立し、バックマンらの協力者を得ながら障害児にリトミックで喜びを与える仕事を選んでいる。その情熱と尽力はどこからきたのだろうか。それは使命感だけではなく、子どもたちと音楽を感じる喜びを分かち合う幸福感がもたらしたと考える。

おわりに

　デュトワが行っていた障害児に対するリトミックは、当時は精神運動療法という名の下で実践されていた。本稿では、精神運動療法の考え方や方法については殆ど言及していない。今後は障害児教育についての時代背景や当時の音楽療法について精査し、精神運動療法に関してもフェルドマン等の考えを検討しつつ、様々な障害のある子どもたちを対象としたリトミックについて深く探求していきたい。

注および参考文献

1)　筒井末春「音楽療法の歴史と発展：心身医学の立場から」『心身医学』42 巻 12 号、2002 年、p.801
2)　彼女の名称については結婚に伴い変化している。一番長く結婚生活を送ったデュトワ（Dutoit）姓を本稿では基本的な表記とする。
3)　Martin et al., *Émile Jaques-Dalcroze L'Homme, le compositeur le créateur de la Rythmique*, la Baconniére, Neuchâtel, 1965　邦訳書、マルタン他『作曲家・リトミック創始者　エミール・ジャック＝ダルクローズ』、全音楽譜出版社、1988 年（本書引用する場合は邦訳を参考。他は筆者が翻訳）
4)　Hebron, J., "Dalcroze Eurhythmics in music therapy and special music education", *Approaches: An Interdisciplinary Journal of Music Therapy, Special Issue*, 8 (2), 2016.
5)　清水桂子、武田克江「乳幼児への音楽活動の実践に用いた楽器に関する一考察：保育の内容と音楽療法の視点から」『北翔大学教育文化学部研究紀要』、2022 年
6)　John Habron & Marie-Laure Bachmann, "Dalcroze Eurhythmics as a psychomotor education for children with special educational needs: An interview with Marie- Laure Bachmann" *Approches: An Interdisciplinary Journal of Music Therapy* Spesial Issue 8 (2), 2016
7)　Carlier, Cl., "L Enseignemant de la Rythmique aux Enfants Sourds", *Le Rythme*, No.47, 1951, pp.16-19（Carlier は Dutoit 氏と結婚する前の旧姓）

8） マルタン他『作曲家・リトミック創始者　エミール・ジャック＝ダルクローズ』、全音楽譜出版社、1988 年、pp.377-378

9） Warrilow, H.C., *The Beacon, the monthly magazine devoted to the interests of the blind*, Vol.1. No.9., 1917. pp.14-15

10） Bachmann, "Tentative de réponse aux questions de Marta Bocos Garcia,étudiante de master, à Bilbao ", *Questionnaire Rythmique et thérapie.*, 2012

11） ジャック＝ダルクローズ、板野平訳『リトミック・芸術と音楽』、全音楽譜出版社、1990 年、p.123

12） Jaques-Dalcroze, tr., Frederick Rothwell, *Eurhythmics and art and Education*, A.S. Barnes & Co, New York,1930

13） 前掲書、ジャック＝ダルクローズ、1990 年、p.123

14） 前掲書、ジャック＝ダルクローズ、1990 年、p.123

15） Institut Jaques-Dalcroze（インスティテュートジャック＝ダルクローズ）の略称

16） Bachmann, Document envoyé à Soazig, bibliothécaire de l'Institut Jaques-Dalcroze, 2008.

17） マルグリット・クロプディエは、ジャック＝ダルクローズの後継者といわれている人物であった。デュトワの次はポルト（Porte, Dominique）、1990 年にはバックマンが校長を務めている。

18） Carlier, Cl., *op.cit.*, 1951, pp.16　（Carlier はDutoit 氏と結婚する前の旧姓）

19） Dutoit,Clare-Lise, *Émile Jaques-Dalcroze L'Homme,Le compowiteur Le Créateur de la Rythmique*, La Baconnière, Neuchâtel, p.390（Dutoit は結婚後の姓名。Carlier は旧姓）

20） Carlier, Cl., *op.cit.*, 1951, pp.17-18

21） Carlier, Cl., *op.cit.*, 1951, pp.16

22） マルタン他『作曲家・リトミック創始者　エミール・ジャック＝ダルクローズ』、全音楽譜出版社 1988 年p.382

23） Martin et al., *op.cit.*,1965.p.391

24） ジャック＝ダルクローズ、板野平訳『リトミック・芸術と教育』、全音楽譜出版社、1990 年、p.209

25） ジャック＝ダルクローズ、山本昌男訳『リズムと音楽と教育』、全音楽譜出版社、2003 年、p. xi

26） Bachmann, *op.cit.*, 2012. John Habron & Marie-Laure Bachmann, *op.cit.,* 2016.

27） Bachmann, *op.cit.*, 2012. p.2

28） Bachmann, *op.cit.*, 2012. p.2

29） John Habron & Marie-Laure Bachmann, *op.cit.,*2016. p.195

30） 前掲書、ジャック＝ダルクローズ、2003 年、p. x

31） John Habron & Marie-Laure Bachmann, *op.cit.*, 2016. p.195

32） 前掲書、ジャック＝ダルクローズ、2011 年、p.129

33） Martin et al., *op.cit.*, 1965. p.390

34） ローラ・ブリッジマン（1829 – 1889）は、2 歳のとき病気により視覚・聴覚を失った。アメリカにあるパーキンソン盲学校（Perkins School for the Blind）を卒業後、チャールズ・ディケンズ（イギリスの小説家）と1842 年に出会い、彼が彼女の業績について書いたことで世界に周知された人物となった。

35） Jaques-Dalcroze, "Aveugles et Sourds-Muets", BPU691/16- Plusieurs textes titre (7f.dact.) .n.d.

36） *Ibid.,* p.1

37） *Ibid.,* p.1

38） Martin et al., *op.cit.,* p.392

39） ジャック＝ダルクローズ、河口道朗訳、『音楽と人間』、開成出版、2011 年、p.130

40） 同上書、ジャック＝ダルクローズ、p.130

41） Martin et al., *op.cit.*,1965. p.398

42） *Ibid.,*1965. p.398

43） 前掲書、マルタン他、1988 年、p.389

44） John Habron & Marie-Laure Bachmann, *op.cit.*, 2016. p.192

45） Feldmann,"Les bases théoriques et l'aspect clinique des troubles de la psychomotrocité chez l'enfant", *Deuxième Congrès International du Rythme et de la Rythmique Genève* 9-14 août 1965, pp.92-107

46） *Ibid.,* Feldmann, 1965.p106.

47） 間宮正幸、「わが国におけるフランス語圏心理学の導入とその受容について（2）：戦後の児童精神医学と障害児教育への影響を中心に」、『北海道大学大学院教育学研究院紀要』106、2008 年、p.14

48） 間宮正幸、2008 年、pp.1-20

49） ジルベール・ロバン、吉倉範光訳『むつかしい子の教育』白水社文庫クセジュ、1951 年など。

50） ジャック＝ダルクローズ、河口道朗訳、『音楽と人間』、開成出版、2011 年、p.128

51）　前掲書、マルタン他、1988 年、pp.387-388

52）　R. リング、B. シュタイマン編著、河口道朗・河口眞朱美訳、『リトミック事典』、開成出版、2006 年、p.223

53）　同上書、R. リング、B. シュタイマン編著、2006 年、p.223

54）　日本音楽療法学会、「関東支部パンフレット」http://www.jmta-kanto.jp › pamphlet、2001 年、p.1

55）　例えば、Hebron,J., *op.cit.*,2016 など。

56）　John Habron & Marie-Laure Bachmann, *op.cit.*,2016

57）　*Ibid.,* 2016, pp.192-193

58）　Ruth Gianadda, メール文（筆者の質問に対する返信）、2023 年 3 月 29 日

59）　細川匡美『ジャック＝ダルクローズの教育観の発展』、風間書房、2021 年、pp.67-121

J-STAGE 登載『ダルクローズ音楽教育研究』の利用傾向と課題
——アクセス統計データの分析に基づいて——

山　下　薫　子

Usage trends and problems of *The Japanese Journal of Dalcroze-Eurhythmics and Music Education* published on J-STAGE: Based on an analysis of access statistical data

Kaoruko YAMASHITA

はじめに

　本稿は、国立研究開発法人科学技術振興機構（JST）が運用する電子ジャーナルのプラットフォーム、J-STAGE（Japan Science and Technology Information Aggregator, Electronic）のアクセス記録を分析することにより、日本ダルクローズ音楽教育学会の学会誌『ダルクローズ音楽教育研究』の利用状況を把握し、今後の編集のあり方について検討することを目的とするものである。

　『ダルクローズ音楽教育研究』（英語名は *The Japanese Journal of Dalcroze-Eurhythmics and Music Education*）は、本学会の前身、ダルクローズ音楽教育研究会時代の 1974 年に第 6 号 [1) が発行され、第 9 号（1984）以降はおおよそ毎年 1 回発行されている。本誌は、長きにわたり、冊子体でのみの発行であったことから、読者はほぼ会員 [2) に限定されており、それ以外の研究者は、文献目録などで書誌事項を検索し、図書館などに出向いて、その蔵書を個別に当たるしか閲覧する方法がなかった。

　1990 年代にオープンアクセスの発想が生まれ、2009（平成 21）年 3 月、国立大学図書館協会が公的助成を受けた研究成果やデータのオープンアクセスの促進などを訴える声明を発出し [3)、同年 7 月には、科学技術・学術審議会の学術分科会研究環境基盤部会学術情報基盤作業部会から「大学図書館の整備及び学術情報流通の在り方について（審議のまとめ）」が示され、学術論文の電子化およびオープンアクセス化への移行が加速度的に進んでいった。そのような中、本学会でも学会誌に掲載された論文をオープンアクセスにすべきとする声が高まり、2020 年度の理事会で、J-STAGE を利用した研究論文および研究ノート等の電子公開が承認された。その後、著作権を有する執筆者から電子的公開の許諾を得る手続きを経て、2022 年 2 月 1 日に本誌のオープンアクセスが実現したのである。

電子ジャーナルやオープンアクセスに関する研究として、杉本 (2018) は J-STAGE の開発の歩みと課題を概観した上で、2017 年 11 月にリニューアルされた J-STAGE 最新版の機能について解説している。また林 (2019) は、世界の学術ジャーナルの動向を踏まえて、2019 年時点における日本の電子ジャーナルの現状と課題を展望している。さらに、学会ごとの動向については、木口他 (2022) が (公社) 日本木材保存協会発行の『木材保存』について、絵野沢 (2023) が (一社) 日本臓器保存生物医学会の学会誌『Organ Biology』について、J-STAGE のアクセス解析を試みている。

本稿では、これらの先行研究の成果を踏まえて、①巻号、②記事、③アクセス元の各視点からアクセスの状況を分析して課題を導き出し、本学会誌の今後の在り方を模索したい。

1. 巻号別のアクセスデータ

2023 年 9 月末の時点で、同誌の J-STAGE 登載の状況は、次のとおりである。
①公開の範囲　第 15 号 (1990 年度発行) から第 45・46 号 (2021 年度発行)[4] の研究論文　および研究ノート (特集記事、座談会等を含む)[5] のうち、執筆者から電子的公開について許諾が得られたもの
②著作権　執筆者に帰属
③エンバーゴ期間 (冊子体の発行から J-STAGE 公開までの間隔)　12 か月
④言語　書誌事項は日本語と英語による。本文 PDF は日本語のみ

巻号別の記事数には、特集テーマが組まれていたかどうかによって多少の増減が見られる。全体平均の記事数が 1 号あたり 3.7 なのに対して、特集テーマが設定されていた第 29 号、第 30 号、第 31 号、第 35 号の平均は、6.3 となっている。

アクセス数の情報としては、書誌事項と全文 PDF の各ウェブページについて、クローラー[6] を含んだ数と除いた数が提供されている。本稿は、一般利用者によるアクセスの傾向を知ることを目的としているため、クローラーを除いた統計データを用いることとした[7]。

また、第 15 号から第 44 号までの記事は、2022 年 2 月 1 日に一斉に公開されたが、第 45・46 号は、エンバーゴ期間を過ぎた 2023 年 4 月 13 日に公開されている。そこで、本節と次節では、上記の 2 つの期間に分けて、アクセスの傾向を考察する。

1.1　2022 年 2 月から 2023 年 3 月までの巻号別アクセス数 (第 15 号から第 44 号)

図 1 は、本誌が初めて J-STAGE に登載された 2022 年 2 月から翌 2023 年 3 月までのアクセス数を折れ線グラフ (書誌事項は破線、全文 PDF は実線) で表したものである。アクセス数は、記事数にも影響を受けると考えられるため、各号に登載された記事数の棒グラフを併せて示した。

グラフからは、書誌事項へのアクセス数について、この期間の最新号である第 44 号が際立って多いことが読み取れる。他方、全文 PDF へのアクセス数については、第 37 号が記事数、書誌事項のいずれと比べても極端に多く、また第 33 号も書誌事項の割に多いことが分かる。それ以外では、古いものから新しいものまで、おおよそ各号の記事数に応じて上下する傾向にあると言えるだろう。

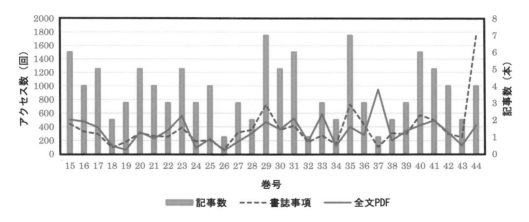

図1　巻号別の記事数（第15号〜第44号）とアクセス数（2022年2月〜2023年3月）

1.2　2023年4月から2023年8月までの巻号別アクセス数（第15号から第45・46号）

　図2は、第45・46号を公開した時点から本稿執筆時点まで、すなわち2023年4月から同年8月までのアクセス数を、記事数とともにグラフにしたものである。

　図1のアクセス数の計測期間が計14か月であるのに対して、図2の期間は計5か月であるため、アクセス数のメモリの単位が異なることに留意する必要がある。とは言え、2つの図の折れ線グラフは、類似した傾向にあると言ってよいだろう。

　図2のグラフから読み取れる点としては、①書誌事項へのアクセスが全文PDFを上回る傾向にあること、②第45・46号へのアクセス数が極端に多いこと、③図1と同様、記事数の割に第37号や第33号へのアクセス数が突出していること、が挙げられる。J-STAGEに登載されてから1年以上が経過している記事に比べて、新規記事へのアクセス数が多いのは当然と言えるが、③の傾向はどのような理由によるものであろうか。この点を確認するため、次節では記事別のアクセス数について検討してみたい。

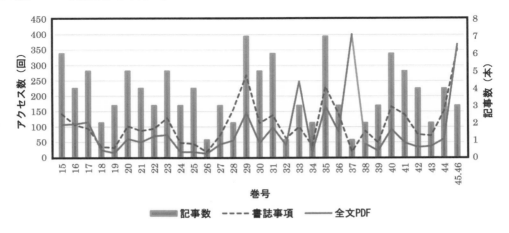

図2　第15号〜第45・46号の巻号別記事数とアクセス数（2023年4月〜2023年8月）

2. 記事別のアクセス状況

全文 PDF へのアクセスデータ（クローラーを除く）に基づき、上位 35 件の記事のタイトルを表にまとめた。本節でも J-STAGE 登載時期により、2023 年 3 月までを表 1、同年 4 月以降を表 2 として、2 つに分けて示している。表 1 の期間の記事総数は 111、表 2 では 114 である。

表 1　全文 PDF アクセス上位記事（2022 年 2 月〜 2023 年 3 月）

	号_開始頁	タイトル（主タイトルのみ）	回数
1	37_1	天野蝶による日本へのリトミック受容に関する一考察	949
2	33_25	座談会：新しい学習指導要領とリトミックの可能性	396
3	44_23	「幼児期における身体運動」への実践に資するリトミックについての研究	214
4	32_1	ダルクローズ・ソルフェージュの特徴とその実践に関する一考察	187
5	28_29	国立音楽大学音楽教室リトミック科の教育システムについて	181
6	16_21	日本における子どもの身体表現の歴史	177
7	17_19	音楽教育に於ける即興演奏の意義とその一方策	174
8	36_29	幼児期の発達支援を目的とするリトミックにおける対象理解	162
9	29_41	音楽療法におけるピアノ即興技法とリトミックの基礎教育	161
10	39_1	イサドラ・ダンカンとエミール・ジャック＝ダルクローズの教育指導に関する研究	157
11	23_19	子どもとリトミック	156
12	38_1	板野平による日本へのリトミック導入に関する一考察	156
13	40_38	ジャック＝ダルクローズ・ソルフェージュにおける数字唱の意義と課題	153
14	16_7	障害児のためのリトミック指導に関する研究（Ⅱ）	150
15	33_1	即時反応の相互作用性と学習者の注意・集中の関係に関する実践研究	149
16	15_19	障害児のためのリトミック指導に関する研究	145
17	31_27	子どものリトミック指導における即興演奏のあり方について	143
18	22_33	ダルクローズ・リトミック教育の実践現場からみた諸問題	133
19	29_1	リトミックにおける即時反応の意味に関する一考察	132
20	15_53	身体表現と音楽、その有機的関連性と変遷過程	130
21	41_38	ドイツの体操教育改革運動とリトミック	130
22	28_9	田園都市ヘレラウにおけるジャック＝ダルクローズ学院とその後	129
23	41_14	日本の幼児教育におけるリトミック受容の一端	129
24	23_1	我が国におけるリトミック教育の歴史的経緯と研究の動向について	128
25	20_11	『プラスティックアニメ』についての一考案（その 1）	121
26	30_15	身体運動を活用した音楽教育に関する一研究	121
27	17_61	障害児のためのリトミック指導に関する研究（Ⅲ）	120
28	41_1	従来の音楽教育の超克を目指した方法論に関する研究	120
29	31_1	幼児の音楽鑑賞の方法に関する実践的研究	118
30	42_14	ベルギーの教育におけるリトミックの受容と展開	118
31	20_1	メタファーとしての身振りとは何か	115
32	22_13	リトミック・サブジェクトからみた音楽療法	112
33	25_1	20 世紀音楽構造の身体的聴取に関する一考察	111
34	23_42	「音と動きのアンサンブル」についての一考察	110
35	39_22	白井規矩郎によるリズムに合わせて行う身体運動教育についての研究	110

表2　全文 PDF アクセス上位記事（2023 年 4 月～ 2023 年 8 月）網掛けは表 1 に既出

	号_開始頁	タイトル（主タイトルのみ）	回数
1	37_1	天野蝶による日本へのリトミック受容に関する一考察	401
2	33_25	座談会：新しい学習指導要領とリトミックの可能性	200
3	45.46_11	新しいリトミックの方法論の提案	169
4	45.46_1	リトミック実践研究を考える	113
5	45.46_23	20 世紀前半のフランスにおける知的障がい児のためのリトミック臨床研究に関する一考察	87
6	17_1	太田司朗先生とリトミック	69
7	16_7	障害児のためのリトミック指導に関する研究（Ⅱ）	62
8	35_23	小学校音楽科鑑賞指導におけるリトミックの可能性	57
9	36_29	幼児期の発達支援を目的とするリトミックにおける対象理解	51
10	32_1	ダルクローズ・ソルフェージュの特徴とその実践に関する一考察	40
11	33_1	即時反応の相互作用性と学習者の注意・集中の関係に関する実践研究	40
12	28_29	国立音楽大学音楽教室リトミック科の教育システムについて	39
13	44_23	「幼児期における身体運動」への実践に資するリトミックについての研究	39
14	40_63	リトミック音楽教育におけるプラスティック・アニメに関する研究	38
15	22_13	リトミック・サブジェクトからみた音楽療法	36
16	35_67	小学校音楽科教育におけるリトミックの活用について	36
17	29_1	リトミックにおける即時反応の意味に関する一考察	35
18	35_60	小学校の音楽授業におけるリトミックの活用	35
19	15_19	障害児のためのリトミック指導に関する研究	34
20	29_41	音楽療法におけるピアノ即興技法とリトミックの基礎教育	34
21	15_3	リトミック指導と人間関係の育成	31
22	17_61	障害児のためのリトミック指導に関する研究（Ⅲ）	29
23	21_3	音楽と動きに関する心理学的アプローチ	29
24	23_1	我が国におけるリトミック教育の歴史的経緯と研究の動向について	28
25	29_25	ピアノ演奏とリトミック	28
26	36_16	小林宗作によるリトミック移入と新渡戸稲造による示唆	28
27	38_1	板野平による日本へのリトミック導入に関する一考察	28
28	22_33	ダルクローズ・リトミック教育の実践現場からみた諸問題	27
29	31_53	リトミックにおけるリズム運動の学習内容に関する研究	27
30	23_19	子どもとリトミック	26
31	31_27	子どものリトミック指導における即興演奏のあり方について	25
32	16_21	日本における子どもの身体表現の歴史	23
33	43_1	日本のリトミック教育研究の歩み	23
34	20_11	『プラスティックアニメ』についての一考案（その 1）	22
35	31_1	幼児の音楽鑑賞の方法に関する実践的研究	22

　表1からは、次の 4 つの傾向が見て取れる。①理論的な研究では、リトミックの成立過程や日本での受容など、歴史に関する記事が 13 件と多いこと。②ソルフェージュや即興演奏、即時反応などのキーワードから理論化を試みた研究が見られること。③実践的な研究の対象としては、幼児（7 件）と障害児（5 件）が多くを占めていること。④学習指導要領改訂のタイミングで企画された座談会への関心が高いこと。

　では、表 2 の期間には、どのような傾向が見られるだろうか。表 1 で既出の記事に網掛けをし、これを手がかりに分析したところ、次のような傾向が見られた。①表 1 と重複した記事が、35 件中 21 件を占めること。②新規に登載された第 45・46 号の記事 3 件が、上位 5 件までにすべて含まれていること。③小学校での実践に関するものが、20 位までに 4 件含まれること。④リトミック研究の動向を俯瞰したレビュー論文が 2 件含まれていること。

　全期間を通じて、リトミック自体の概念や実践に関する記事に高い関心が寄せられているのが分かる。特に、2023 年度に入ってからは、小学校の音楽授業への応用に関心が高まっている。今後、本誌の記事が広く世界の人々に読まれていくことを考えると、会員はもとより、会員以外の読者とそのニーズについても理解を深める必要があるだろう。

　そこで次節では、アクセス元に関するデータを分析して、読者の傾向について検討したい。

3. アクセス元の状況

3.1　国別 [8] アクセスの状況

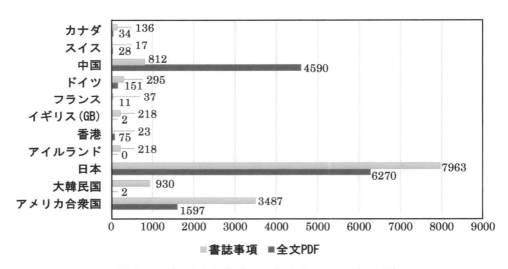

図 3　国別アクセス数（2022 年 2 月〜 2023 年 8 月）

　図 3 は、2022 年 2 月から 2023 年 8 月までのアクセス数を国別に集計したデータから、書誌事項と全文 PDF へのアクセス数の各上位 8 か国 [9] を抽出し、グラフに表したものである。

　日本からのアクセス数は、書誌事項が 55 ％（7,963 / 14,380）、全文 PDF が 49 ％（6,270 / 12,805）となっており、国別アクセス数全体に占める割合は、約半数である。

　全文 PDF へのアクセスが日本の次に多いのは中国であるが、同国からの書誌事項へのアクセスは少ない。他方、書誌事項へのアクセスが 2 番目に多いのはアメリカ合衆国であるが、全文 PDF へのアクセスは、その半数以下と少ない。同様の傾向は、大韓民国、アイルランド、イギリス、カナダなどにも見られる。総数では、書誌事項へのアクセスが 14,380 件、全文 PDF へのアクセスが 12,805 件であり、両者はおおよそ 10 : 9 の比になる。

　J-STAGE のトップページからキーワード検索をかけた場合、結果の一覧からは、書誌事項のページを経ずに、全文 PDF へ直接アクセスすることが可能となっているのに加えて、他の検索エンジンを経由して全文 PDF に飛ぶこともできる。書誌事項に比べて全文 PDF へのアクセスが多い場合には、このような理由が考えられる。では、書誌事項に比べて本文へのアクセスが少ない場合、その理由は何か。書誌事項のページ閲覧で目的が達成されたか、全文 PDF を読む動機が失われたのかのどちらかであろう。そして、後者には、言語の問題が関係しているのではないか。本誌の書誌事項のページに表示される本文のプレビューが、日本語しかないためである。

　そこで、次に、国別アクセスに関する加工済みログのデータを用いて、英語の書誌事項へのアクセス状況を分析し、言語の影響について確認してみたい。

3.2　書誌事項への国別アクセス数全体に占める英語ページの割合

　図 4 は、J-STAGE から提供された加工済みログデータに基づき、英語と日本語からなる書誌事項[10]への国別アクセス数（クローラーを除く）を計算し、英語ページへのアクセス数が全体に占める割合を世界地図上に示したものである。

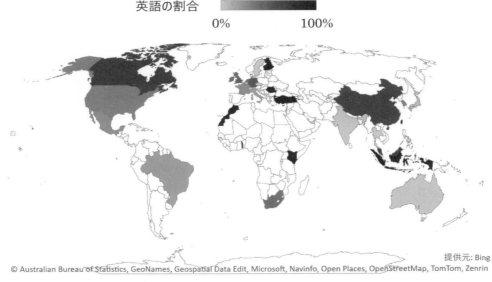

図 4　書誌事項への国別アクセス数に占める英語ページの割合（2022 年 2 月〜 2023 年 8 月）

　ここでは、日本語へのアクセスのみであった国、すなわちスイス、オーストラリア、チェコ、インドなどが、薄い色付けで表示されている。英語、日本語、双方へのアクセスがある中で、英語の割合がもっとも低いのは日本（4%）であり、ブラジル（17%）、フランス（24%）、香港（26%）、大韓民国（28%）、アメリカ合衆国（30%）と続く。他方、英語の割合が高いのは、台湾とトルコ、ケニア（100%）、ルーマニア（94%）、シンガポール（70%）、カナダ（67%）、中国（65%）などである。ドイツ（53%）、イギリス（48%）、アイルランド（46%）では、英語と日本語がほぼ半数ずつとなっている。

日本ダルクローズ音楽教育学会創立50周年記念誌　リトミック研究論集

「日本語の書誌事項へのアクセス」と「全文PDFへのアクセス」の相関を国別に見た結果、正の相関関係（相関係数0.81）があった。さらに、ジャック＝ダルクローズ・リトミックの国際組織であるF.I.E.R.（La Fédération Internationale des Enseignants de Rythmique）の認定支部が存在する国・地域[11]に限定すると、両者の間に極めて高い正の相関関係（相関係数0.99）があったのに対して、「英語の書誌事項へのアクセス」と「全文PDFへのアクセス」の相関は低かった（相関係数0.38）。このことから、せっかく英語の書誌事項にアクセスしても、本文が日本語しかないために、読むのを断念しているケースが多数あると推察される。海外、とりわけリトミックへの関心が高い国や地域からの期待に応えるためには、今後、英語の抄録を併せて登載するなど、言語の壁を乗り越える努力が必要になると考えられる。

3.3　経由したサイト別のアクセス数

3.1で述べたJ-STAGEへのアクセス経路について確認するため、ダッシュボード機能を利用して経由サイトとアクセス数を調べた。図5は、書誌事項と全文PDFの合計（クローラーを含む）[12]が多い、上位10サイトをパレート図に表したものである。

折れ線を見ると、上位6サイトで、ほぼ100％に達していることが分かる。「不明」[13]を除くと、もっとも多いのがJ-STAGEであり、全体の四分の一以上を占めている。その他では、GoogleやYahoo、人工知能を搭載したBingなどの一般的な検索エンジンが比較的多く利用されており、CiNii Research（cir.nii.ac.jp）やGoogle Scholarなど、学術文献の検索サービスも一定数利用されている。これに対して、researchmap.jpは2件、SNS（facebook.comやtwitter.comなど）は0件であり、著者自身や読者による関連投稿は少ないと推察される。

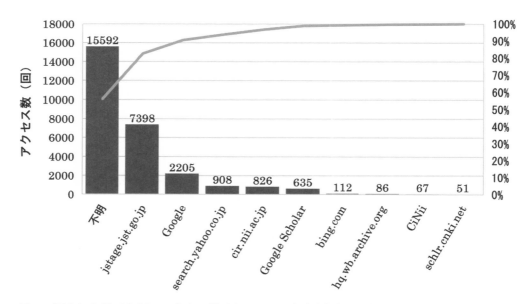

図5　経由したサイト別のアクセス数（クローラーを含む）（2022年2月〜2023年8月）

114

3.4　ドメイン別のアクセス状況

　アクセス元についてさらなる補完的な情報を得るため、全文 PDF へのドメイン別アクセス数（クローラーを除く）を調べた。図 6 の二重ドーナツグラフは、外側がドメインごとの割合を、内側が世界、日本、その他の分類を表している。

　全体では、「不明」を含む「その他」が約半数を占めている。教育機関からのアクセスは、世界（.edu）、日本（ac.jp とed.jp）ともに極めて少ない。非営利組織（.org）や特定の法人組織（or.jp）、政府機関（go.jp）も少なく、商業組織（.com）やネットワークサービス（.net や ne.jp）が大半を占めている。

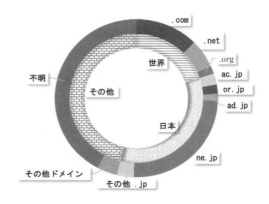

図 6　全文 PDF に対するアクセス数のドメイン別の割合（2022 年 2 月～ 2023 年 8 月）

　広く一般からアクセスがあることは歓迎すべきことであるが、3.3 の結果とも関係する課題として、研究者コミュニティとのネットワークを築き、認知度を高めることが急務であろう。

4. まとめと今後の課題

　本稿では、J-STAGE のデータに基づいて、本誌の利用状況と課題について検討してきた。その結果、①近接諸科学の動向を視野に入れた特集テーマや特別記事の設定、②日本語以外の読者層への対応、③研究者コミュニティとのネットワークの構築などの課題が導き出された。

　今回の分析を通して、オープンアクセス化の意義が、本誌の記事を広く世界に知らしめることに留まらず、本誌の利用傾向を知って改善につなげることにもあるのを実感した。

　今後は、本稿で導き出された課題に対応するとともに、J-STAGE から提供されるアクセス情報を本学会の中で定期的に共有し、世界各地で本誌の公開を待ちわびる読者に向けて、より充実した誌面づくりに努めることが肝要であると考える。

（やました　かおるこ／東京藝術大学）

注
1)　第 1 号から第 5 号は、前誌『ダルクローズ音楽教育研究会ニュース』（1969 年から 1972 年）である。
2)　2023（令和 5）年 9 月末現在の個人会員（正会員および学生会員）の数は、215 名である。
3)　文部科学省「学術情報発信・流通の推進（1）オープンアクセス」https://www.mext.go.jp/ b_menu/shingi/ gijyutu/gijyutu4/toushin/attach/1283003.htm（2023.9.27 アクセス）
4)　2020 年度は、コロナ禍の影響で学会活動に様々な制限がかかったため、学会誌第 45 号は単独で発行されず、第 46 号との合併号となった。
5)　本稿では、これらの総称として「論文等」を用いている。なお、公開の範囲が限定されているのは、作業にかかる予算と人的資源の制約によるものである。
6)　クローラーとは、ロボット型検索エンジンなどによるウェブサイトの自動的な情報収集を意味する。
7)　加工済みログのデータを確認したところ、いくつかの記事の全文PDFに対して、特定のIP アドレスから集

中的なアクセスが認められた。同記事について、書誌事項へのアクセス数は、特段多くはなかった。そのため、この集中的なアクセスの原因としては、本文をダウンロードせずにスマートフォンやタブレットなどの端末から何度もアクセスしたことや、授業などで同一のIP アドレスから集団が一斉にアクセスしたことなどが考えられる。ただし、新手のクローラーなど何らかのアプリケーションが作動している可能性も否定はできない。

8) J-STAGE が「国別データ」としているのは、正確には「国・地域別データ」であり、本稿でいう「国」も「国・地域」を指すものとする。

9) 書誌事項と全文PDF へのアクセス数、各上位 8 か国のうち、カナダ、中国、ドイツ、日本、アメリカ合衆国の 5 か国は両方に含まれるため、全 11 か国のグラフとなっている。これら 11 か国が国別アクセス数全体に占める割合は、書誌事項が 98.3％（14,136 ／ 14,380）、全文PDF が 99.6％（12,760 ／ 12,805）である。なお、国別の国とは、アクセス元のIP アドレスが割り当てられた国を意味しており、実際の国とは異なることがあるため、注意が必要である。国の分類は、J-STAGE による。

10) 書誌事項へのアクセス数に限定したのは、本誌が日本語限定の論文集であり、英語の全文PDF が存在しないためである。

11) F.I.E.R. のウェブサイト（https://fier.com/eurhythmics-associations/）には、オーストリア、オーストラリア、ベルギー、カナダ、ドイツ、フランス、イギリス、イタリア、日本、スウェーデン、台湾、アメリカ合衆国から各 1 団体、スイスの 2 団体が掲載されている（2023.9.30 現在）。

12) ここでクローラーを含む数を使用したのは、ダッシュボードではクローラーを除外した数が提供されていないためである。なお、2022 年 4 月、CiNii Articles が、CiNii Research に統合されたことにより、同年 5 月以降CiNii Articles（図 5 のCiNii）を経由したアクセスは検出されていない。

13) 国立研究開発法人科学技術振興機構（2022）によれば、「不明」の原因として、アクセス元がリファラ（移動元のページ）の情報を自動消去している、ブックマークから遷移している、URL の直接指定によりアクセスしている、などの可能性が考えられる（p.5）とのことである。

引用参考文献および URL

絵野沢伸（2023）「J-STAGE 掲載Organ Biology アクセス状況 2022」『Organ Biology』30（1）、pp.51-53

木口実・片岡厚・山本幸一（2022）「J-STAGE での木材保存誌のアクセス解析にみる木材保存研究の動向―2021 年の傾向―」『木材保存』48（4）、pp.177-182

杉本樹信（2018）「JST サービス紹介―J-STAGE の最新状況と今後―」『情報管理』60（11）、pp. 832-835

林和弘（2019）「日本の学術電子ジャーナルの現状・課題とオープンサイエンスの進展を踏まえた展望」『情報の科学と技術』69（11）、pp. 492-496

国立研究開発法人科学技術振興機構（2022）「J-STAGE 発行機関向けダッシュボード活用のヒント」https://www.jstage.jst.go.jp/static/files/ja/pub_dashboard_tips.pdf（2023.9.18 アクセス）

エドガー・ウィレムスのリズムと
身体の動きに関する教育思想および実践
——*Carnets pédagogiques*（教育の覚え書き帳）の記述内容を中心に——

若　林　一　惠

Edgar Willems' educational ideas and practices on rhythm and body movement:
Focusing on the descriptions in "*Carnets Pédagogiques*"

はじめに

　20 世紀にスイスのジュネーヴやフランスを中心に活躍した音楽教育家エドガー・ウィレムス（Edgar Willems, 1890-1978）は独自の音楽教育を構築し、その教育法は現在もフランス、イタリア、スペインなどを中心に普及し続けている。ウィレムスは、自らの仕事の全般について、19 世紀から 20 世紀にかけて哲学、心理学、医学、芸術学の分野の優れた人物たちによって刷新された教育的な運動の延長線上にあると位置づけている。加えて、音楽教育の中でも自身の核となる聴覚育成やリズムの教育についてはエミール・ジャック＝ダルクローズ（Emile Jaques=Dalcroze, 1865-1950, 以下「J＝ダルクローズ」と表記）およびその弟子であった合唱指導者のリディー・マラン（Lydie Malan, 1887-1947）[1] の後継者であることを明言し、先人たちへの敬意と共に独自の活動を展開してきたことがこれまでに明らかになっている。[2]

　ウィレムスの音楽教育思想は、音楽の三要素（リズム・メロディ・ハーモニー）と人間の生の三要素（生理的な生・情動的な生・精神的な生）との緊密な関連性に基づくということが根底にある。すなわち、リズムは生理的な生と、メロディは情動的な生と、ハーモニーは精神的な生と関連し合うというものである。また、ウィレムスは「リズムは、音楽の原初的な要素である。」[3] と述べている。リズムは他の要素を伴わずとも「音楽」となり得ることからも、意識の有無を問わず人間の内外で自然発生的に存在していることからも、「原初的な要素」であると考えられる。

1．研究の目的と方法

　ウィレムスの教育実践は、これまで国内ではほとんど実践されてきていない。しかしながら、

海外での成果や先行研究を踏まえると現在の日本の音楽教育においても意義のある貢献を果たし得るものなのではないかと考えられる。今後、国内でウィレムスの教育実践を導入しようと試みる際には、その実践内容について国内の指導者たちにヨーロッパで実践されてきたものと相違なく周知する必要がある。この点について、幸いにもウィレムスは自らの教育実践や教育思想について多数の著書を書き遺しており、例えばリズムや聴覚育成など一つの実践内容に対しても関連する書籍が複数存在している。

　そこで本稿は、ウィレムスが若手の指導者のために執筆した全 17 冊の指南書 *Carnets pédagogiques*（教育の覚え書き帳）の中から、特に J ＝ダルクローズの影響を大きく受けているリズムと身体の動きを取り扱う No. 4、No. 4B、No. 4C の三冊を主な対象とする。各冊子の記述内容を分析することによって、それぞれの特徴や役割を明らかにしたい。

2. ウィレムスの著書に寄せられた J ＝ダルクローズによる前書き

　ウィレムスが 1940 年に出版した初めての著書 *L'oreille musicale, Tome I – La preparation de l'enfant.*（音楽的な耳 第 1 巻：子どものための準備）は、J ＝ダルクローズに捧げられている。そして、本書の前書きは J ＝ダルクローズが記している。[4] 前書きでは、本書について「この時代のもっとも雄弁で多岐に富むものであり、教育と芸術に大変役立つものである。」と評されている。さらに、文中では今後ウィレムスによってリズムに関する著書が書かれることも期待されている。

　ウィレムスは、J ＝ダルクローズからの期待に応えるかのごとく 1954 年にリズムに特化した著書 *Le rythme musicale - rythme, rythmique, métrique*（音楽のリズム：リズム、リトミック、メトリック）を記している。さらに二年後の 1956 年には *Carnets pédagogiques*（教育の覚え書き帳）全 17 冊を出版し、J ＝ダルクローズから影響を受けた聴覚育成やリズムに関する内容を扱っている。

3. *Carnets pédagogiques*（教育の覚え書き帳）の概要

　『教育の覚え書き帳』は、主に指導を始めたばかりの指導者を対象とする指南書として出版されたものである。No. 0 から No. 10 まで、同じ数字で複数冊にわたるものも含めて全部で 17 冊ある。表 1 に、全体の構成を示す。

　表 1 の中にはすでに絶版となり入手困難なものも含まれている。一冊あたりは 15 ページ程度の薄い冊子で、初版は全て 1956 年に出版されている。原著はフランス語で書かれており、現在はイタリア語、スペイン語でも出版されている。また、現在入手できるものは全て第 2 刷以降も印刷が重ねられており、多いものでは第 10 刷を数える。

　本稿では、表 1 の中からリズムと身体の動きに関する『No. 4 リズムとメトリックの訓練』、『No. 4B リズム打ちとリズム的な本能』、『No. 4C 音楽教育のレッスンにおける音楽のリズムと自然な動き』に焦点を当てる。加えて、『No. 0 子どもの音楽の導入』はウィレムスの教育実践全般について指導の計画や方針が示されているため適宜参照することとする。

表1　*Carnets pédagogiques*（教育の覚え書き帳）全体の構成 [5]

No. 0	子どもたちの音楽の導入 *Initiation musucale des enfants*	No. 5	書き取りと読み取りの導入 *Introduction à l'écriture et à la lecture*
No. 1	2音から5音の歌 *Chansons de deux à cinq*	No. 5B	ソルフェージュのはじめに【絶版】 *Les débuts du solfège*
No. 2	音程の歌 *Chansons d'intervalles*	No. 6	ピアノのはじめに【絶版】 *Les débuts au piano*
No. 2B	音程の歌　ピアノ伴奏付き *Chansons d'intervalles avec acc. au piano*	No. 7	ピアノのための読譜の初歩 *Première littérature pour piano*
No. 3	聴覚の訓練 *Les exercices d'audition*	No. 7B	4手のピアノのための読譜の初歩 *Première littérature pour piano à quatre mains*
No. 4	リズムとメトリックの訓練 *Les exercices de rythme et métrique*	No. 7C	鍵盤のたのしみ *Amusements au clavier*
No. 4B	リズム打ちとリズム的な本能 *Les frappés musical et l'instinct rythmique*	No. 8	ピアノのための12のやさしい曲 *Douze pièce faciles pour piano*
No. 4C	音楽教育の授業における音楽のリズムと本能的な動き *Le rythme musical et le mouvement naturel dans les cours d'éducation musicale*	No. 9	小さな歩行（ピアノ用） *Petites marches faciles pour piano*
		No. 10	小さな踊りと跳躍、歩行（ピアノ用） *Petites danses, sauts et marches*

4.『No. 0 子どもの音楽の導入（*Initiation musicale des enfants.*）』に見るリズムと身体の動きの要素

　『No. 0 子どもの音楽の導入』は、ウィレムスの実践全体にわたる指導計画のような位置付けにある。ウィレムスの実践は4歳（4歳になる年度の3歳児も含む）以上を対象とし、1レッスンにつき1時間と考えられている。No. 0の冊子においては、導入期の子どもを対象とする場合の1レッスンでの実践項目ごとの時間配分も明記されている。

【レッスン内容と時間配分について（1レッスン約1時間）】
1．聴覚育成のアプローチ：20分
2．リズム：10分
3．歌：20分
4．身体の動き（歩く、走る、跳ねる、揺れる、など）：10分

　「2．リズム」と「4．身体の動き」は別項目として扱われ、それぞれ10分、合計20分程度行うよう示されている。上記1〜4の記載の順序は、これまで筆者自身がウィレムス国際会議等に出席して公開レッスンを見学してきた経験や、1回のレッスン全体を収録した映像資料の実践の順序とも一致する。レッスンでは、1の聴覚育成は指導者と子どもたちで机を囲み小物楽器などを用いて行われ、そのまま2のリズムの実践へと移行する。この時にも机上で即興的なリズムを叩いたり言葉のリズムを叩いたりする。その後ピアノの周りへと移動し、子どもたちがピアノを囲んで歌を歌い、最後に身体を動かす、といった流れで進められる。

　また、No. 0の中では各年齢でどのような実践を行うべきかを項目別に示している。具体的には、①歌、②聴取・聴き分け・再現、③音の動き・音高、④組み合わせ・分類、⑤リズム・メトリック、⑥創作・即興、⑦音階・音名、⑧読み書きの導入、の全8項目となっている。このうち、「⑤リズム・メトリック」に加えて「⑥創作・即興」の項目においてもリズムの要素が多分に含まれるため、本稿ではこの二つの項目の実践内容をそれぞれ年齢別に示す（表2、表3）。6)

表2　*Carnet No. 0* に示された「⑤リズム・メトリック」の年齢別の実践内容

4〜5歳	5〜6歳	6〜7歳	指導者に求めること
2本の木の棒を用いて ・言葉や数字を言いながらリズムを打つ ・歌のリズムを打つ ・聴いたリズムを再現し、創作する ・言葉を言いながらさまざまな強さで打つ→歩く、ジャンプ、など （*Carnet No. 4, 4B, 4C* にも記載）	・4〜5歳と同じ実践を、より発展させる ・強さや長さの中にニュアンスをもって打つ ・「小節」の導入 ・棒で打ちながら歩く ・歌のリズム打ち：メロディのリズム→テンポ→各小節の1拍目→拍の分割	・リズムの教育をより深める ・リズムの再現と創造 ・2, 3, 4拍子を指揮する ・打楽器によるポリリズム ・より意識的に棒を打ちながら歩く ・生活と自然の動き	・さまざまなリズムと拍節の知識 ・子どもたちの創造する拍のないリズムなどに順応できること ・生活や自然のリズム ・ポピュラーなダンス ・造形的な訓練

表3　*Carnet No. 0* に示された「⑥創作・即興」の年齢別の実践内容

4〜5歳	5〜6歳	6〜7歳	指導者に求めること
・リズムの創作：手と足、打楽器または楽器を共に打つ、叩く ・声または楽器で、音の上行と下行を体験する	・4〜5歳に同じ実践を、より発展させる ・言葉を言いながら、または考えながら、リズムを打つ ・リズム的な、またはメロディ的な言葉の創作 ・歩く、跳ねるなどの動きの創作	・5〜6歳に同じ、より意識的に ・フレーズの切れ目をより明確に ・拍子をより意識して ・音名を口にしながらメロディを歌う ・生活の動き：生活に関するテーマの創作	・リズムやメロディ楽器でのさまざまな即興 ・音程感覚と和音の訓練 ・和声の基礎 ・音階、メロディ、歌、和声づけ

　表2および表3の左端の欄「4〜5歳」の内容を見ると、「言葉」や「数字」など日常生活に馴染みのある要素から始まり、特定の楽器を所有していなくてもその場で実践できるような内容から始められることがわかる。右隣の「5〜6歳」の欄以降、次第に「小節」や「拍」といった用語が現れ、時間をかけてゆっくりと内容が高度化していく。

　右端の背景を塗りつぶした欄には、「指導者に求めること」が記載されている。表2には「さまざまなリズムと拍節の知識」といった音楽指導者としての基本的な事柄のみならず、「子どもたちの創造する拍のないリズムなどに順応できること」や「生活や自然のリズム」に通ずることなど、従来の音楽的な訓練の範疇のみに留まらない要求が含まれている。加えて、表3に示した「創作・即興」にあたっても、いずれも指導者自身の即興演奏の能力と直結する内容となっていることがわかる。実際にウィレムスの実践では指導者が即興演奏する場面が多く、はじめは学習者の動きに応じて指導者がピアノで即興演奏を合わせるが、その過程で速度や強弱の変更を行うことで学習者の動きを促す主導権がいつの間にか指導者側に変わっているという場面が散見される。ここに挙げた断片的な要素のみであっても、実践において指導者に要求される能力がきわめて高いも

のであることがうかがえる。

　こうした内容を基に、実践について具体的に詳述されたものが表１のNo. 4～No. 4Cの三冊である。

5. *Carnets pédagogiques*（教育の覚え書き帳）におけるリズムを
　テーマとする冊子の内容分析

　リズムに関する冊子である表１のNo. 4～No. 4Cは、先述したようにいずれもほとんどが文章によるものとなっている。このため、それぞれの冊子に何が書かれているのか、また、それぞれがどのような役割をもつのかについても整理しておく必要があると思われる。そこで、まずは各項の冒頭にそれぞれの冊子の目次を表にし、ウィレムスがどのような項目について言及しているのかを示す（表４～表６）。その上でそれぞれの冊子の特徴的な要素を述べる。なお、表の邦題は筆者自身によるものであり、本文および実践の内容を考慮に入れた意訳も含むものとする。

5.1　No. 4 リズムとメトリックの訓練（*Les exercices de rythmique et de métrique.*）』

表４『No. 4 リズムとメトリックの訓練（*Les exercices de rythmique et de métrique.*）』の目次

1.	Intoriduction（序文）
2.	Le rythme dans le chansons（歌におけるリズム）
3.	Les bâtonnets（2本の木の棒）
4.	Les frappés（打つこと）
5.	Les mesures（拍子）
6.	Invention – Improvisation（創作・即興）
7.	Marches（歩行）
8.	Sources naturelles du rythme（自然のリズムの源泉）
9.	Conclusion（結論）

　No. 4では、ウィレムスの音楽教育におけるリズムと身体の動きの両方にわたる基本的かつ総合的な事項について述べられている（表４）。本書の序文の中で、ウィレムスは「リズムというのは『動きの秩序』ではなく、『秩序ある動き』という方が適切である。鳥の飛翔、動脈の脈動、踊り子のステップ、言葉の周期に秩序ある動きを見ることができる。」と述べ、「このリズムの教育の目的は人間のさまざまな能力を開発することであり、J＝ダルクローズが言ったように『行為と欲望、感覚と感情、想像力と感性の間に親密な交わりを確立すること』である。（中略）子どもには音楽教育のレッスンのほかに週に一度リトミックのレッスンがあることが望ましい。特に、音楽的なリズムよりも自然な身体のリズムに基づいたJ＝ダルクローズのリトミックを想定している。」と述べている。ウィレムスの想定する「音楽教育のレッスン」とは、先述したように１レッスン１時間かけて行なわれ、そのうちの20分はリズムと身体の動きの実践に充てるものである。それでもなお週に一度リトミックのレッスンをと記述していることからも、リズムと身体の動きを重視していたことがうかがえる。序文ではさらに、「習得しなければならないのは時間の経過の感覚である。時間の経過の評価は、知性によっても感情によってもできず、身体の動きによって、すなわち身体の経験の感覚によって行なわれることである。」と述べ、身体知にも触れている。

　この他にも、No. 4の「2. 歌におけるリズム」では、歌は音楽の三要素を含んだ音楽の基本であり、

子どもは歌うことによってこれらの合成を無意識的に習得できることを述べている。その上で、歌を用いて左右に自然に揺れることなど身体の動きを誘発するための指導について具体的に述べている。また、「5. 拍子」では、小節を打つことは早急に導入されるべきではなく、手拍子の練習や、歌を歌いながら「3. 2 本の木の棒」の実践に慣れてから行うこと、「6. 創作・即興」では、理論に縛られていない子どもは必ずしも小節通りに進むとは限らないが、そうしたリズムは尊重されるべきであり、無理に古典的な小節に収めるべきではないことが記載されている。このように、本書では各項目の中で実践に際してのさまざまな方針や手順が詳細に示されている。

5.2 『No. 4B リズム打ちとリズム的な本能（*Les frappés musical et l'instinct rythmique.*）』

表 5 『No. 4B リズム打ちとリズム的な本能（Les frappés musical et l'instinct rythmique.）』の目次

	Les frappés et l'instinct rythmique（打つこととリズム的な本能）
1.	1.　Le 《choc sonore》 et 《l'écoute rythmique》（「音の衝撃」と「リズムの聴取」）
2.	2.　Le rythme sonore libre（自由な音のリズム）
3.	3.　La pratique des frappés libres（自由に打つことの練習）
4.	4.　Alternance des mains（手を交互に）
5.	5.　Exemples de frappés（打ち方の例）
	→ répétition, alternance, variation, progression, développement, contraste, rebondissement, écho, question et réponse（反復，交互，変奏，進行，発展，対照，反発，反響，問いと答え）
6.	Autres motifs, pris dans la vie（生活から取り入れるモティーフ）
7.	Jeux, comptines（童謡を用いたゲーム）
8.	Eveil de la conscience rythmique et métrique（リズムと拍節の意識の目覚め）
9.	Doux-fort, lent-vite, court-long, de timbres différents（強弱、速い遅い、長短、多様な音色）
10	Crescendo et decrescendo（クレッシェンドとデクレッシェンド）
11.	Accelerando et rallentando（アッチェレランドとラレンタンド）
	La métrique et la mesure（拍節と小節）
12.	Les quatre modes rythmiques（4 つのリズムモード）
13.	Motifs pour le calcul métrique（拍を数えるためのトレーニング）
14.	Contretemps（オフビート）
15.	Syncopes（シンコペーション）
16.	Introduction à la polyrythmie（ポリリズムの導入）
17.	Audition intérieure（内的聴感）
18.	Conclusion（結論）

　No. 4B は今回対象とする 3 冊の中でもっとも目次数が多いが、表 5 の全体を見ると、手拍子や机を叩くことを中心とした上半身の動きによるものであることがわかる。

　本書の冒頭「打つこととリズム的な本能」の中で、ウィレムスは「音楽教育において（子どもたちが大好きな）手拍子の効果は軽視できない。なぜなら、手拍子はリズムの生命を目覚めさせ、発達させる最良の方法の一つだからである。加えて、即興演奏の重要な出発点ともなる。子どもたちからのリズムの提案（指導者よりも生活に密着しているものであることが多い）に積極的に反応するには柔軟性が必要であり、リトミック教育の基本原則の知識も必要である。」と述べている。さらに、「レッスンでは子どもにとって全てが簡単であるべきで、一歩一歩進めていく必

要がある。そのためには訓練の難易度を正しく理解する必要がある。教えるということではなく（特に優位な立場からではなく）、子どもたちとともに、そして子どもたちのように生きるということである。これが難関なのである。」と述べている。このことは、ウィレムスの実践がスモールステップで構築されていること、常に子どもを主体として捉えていることを示している。

　本書は、この後全体にわたって思想の重要な要素を含みながら実践について詳しく述べられているところに特徴がある。具体的には、自分の手のさまざまな部分を使って多様な音色を出したり、手拍子でリズム即興の会話をしたり、日常生活のリズムに気づかせたりといったことが行なわれる。また、「14. オフビート」や「15. シンコペーション」は学習経験の浅い者にとって理解が難しいものであるが、例えば4拍のシンコペーションを練習する際に、1拍目は左手で机の脚を打ち、2拍目は右手で机上を叩いてから3拍目まで延長させて、4拍目に机上（右手）あるいは机の脚（左手）を打つ、というような実践例を示している。

5.3 『No. 4C 音楽教育のレッスンにおける音楽のリズムと自然な動き（Le rythme musical et le mouvement naturel dans les cours d'éducation musicale.）』

表6『No. 4C 音楽教育のレッスンにおける音楽のリズムと自然な動き
（Le rythme musical et le mouvement naturel dans les cours d'éducation musicale.）』の目次

1.	Intoriduction（序文）
2.	La marche（歩行）
3.	Pour le professeur（指導者のために）
4.	La course（走行）
5.	Le sautillé（スキップ）
6.	Le galop（ギャロップ）
7.	Les sauts（ジャンプ）
8.	Les balancements（スイング）
9.	Applications et mouvements divers（さまざまな用途と動き）
10.	Les frappés（打つこと）
11.	Dans les écoles maternelles（保育園や幼稚園で）
12.	Les instruments à percussion（打楽器）
13.	Le jeu des pianistes（ピアノの演奏）
14.	Considérations psychologiques（心理学的考察）
15.	Carnet No. 9（覚え書き帳 No. 9 の作品解釈のための指示書）
16.	Carnet No. 10（覚え書き帳 No. 10 の作品解釈のための指示書）
17.	Le rythme naturel et le solfège（自然なリズムとソルフェージュ）
18.	Le rythme naturel et l'interprétation（自然なリズムと作品解釈）
19.	Le rythme dans les différents arts（さまざまな芸術におけるリズム）

　No. 4C は冒頭の部分に「音楽をいじる必要はない。音楽は、それ自体が高貴な遊びだ。」と記されている。また、序文の中でウィレムスは、「音楽のリズムが断片的であるのに対して目で見える身体の動きはより繋がり、より均質である。この二つをできるだけうまく調和させることが重要であり、私たちは音楽のリズムそのものよりも音楽的な感覚に基づかなければならない。この二つの調和は、身体の自然な動きの法則の中に見出すことができるであろう。」と述べている。

　本書は前半と後半とで方向性が異なり、「2. 歩行」から「8. スイング」までは主に学習者の身体の動きを促すための指導の方法や音楽の伴わせ方について述べられている。「9. さまざまな用途と動き」はそれまでの身体の動きをレッスンに導入するときに注意すべき点について述べられ、後半はウィレムスの教育思想を多分に含む内容となっている。

6. 複数の冊子に重複している実践

6.1 「2本の木の棒」を用いる実践

　ウィレムスの導入期の実践で頻繁に行なわれるものの一つが「2本の木の棒」を用いた実践である。この実践に関する内容は『No. 4 リズムとメトリックの訓練』の「3. 2本の木の棒」と『No. 4B リズム打ちとリズム的な本能』の「12. 4つのリズムモード」の両方に記載されている。No. 4 の中で、「2本の木の棒」は硬い木で作られた円柱型の棒であり、長さは約 20cm、直径 1.5cm であると記述されている。

　No. 4 と No. 4B に重複する内容は、この木の棒を歌とともに用いる実践に関することである。具体的には、①歌のリズムを刻む、②歌のテンポを刻む、③歌の強拍のみを叩く（はじめは2拍子の曲のみを用い、次第に3拍子や4拍子の曲を用いる）、④拍の分割と細分化（いろいろな分け方があり得る）、という順序で進めるということである。No. 4 では①～④のそれぞれ実践内容について詳しく説明されているのに対し、No. 4B はフランスの童謡を例に挙げながら①～④のそれぞれのリズムモードでは歌詞のどの部分のリズムを打つかについて下線で示しており、これらの実践は手拍子で行うことができるが、木の棒を用いることも効果的であると言及している。

6.2 「打つこと」に関する実践

　本稿で「打つこと」と邦訳した "Les frappés" は、『No. 4 リズムとメトリックの訓練』の「4. 打つこと」と『No. 4C 音楽教育のレッスンにおける音楽のリズムと自然な動き』の「10. 打つこと」とで重複している。さらに、『No. 4B リズム打ちとリズム的な本能』の前半部分「打つこととリズム的な本能」では「打つこと」についてより細分化された項目ごとに目次を立てている。

　まず、No. 4 では "frappés" とは「手拍子」であるが、実践では机を手で叩くことを意味すると述べられている。加えて、子どもたちが順に手の動きや音をオノマトペで表現することや、「左、右」と言いながら左右の手で机を叩いた後に「1、2、1、2」とカウントすること、次第に「1、2、3、4」とカウントしながら片手は1拍目のみを叩き、反対の手は1拍目を含む全ての拍を叩くことなど、複数の実践内容が簡潔に記述されている。

　No. 4B はより詳細な内容となっており、例えばオノマトペの具体例や応用例、レッスンの言葉掛けの例などが記載されている。また、リズムのみによって問いと答えをやりとりして即興的に遊ぶ実践も紹介しており、手拍手のみで「話す」ことは、言葉では伝えられないような微細なニュアンスを表現することができると述べられている。

　No. 4C には、「打つこと」の詳細は No. 4B に記載していることが示されている。ただし、楽器の練習においてリズムは手に委ねられること、本書の「12. 打楽器」、「13. ピアノの演奏」に楽器演奏に関する記述を含んでいることから、「打つこと」についても本書に含めたものと考えられる。

6.3「歩くこと」に関する実践

本稿で「歩行」と邦訳した "Marche" は、『No. 4 リズムとメトリックの訓練』の「7. 歩行」と『No. 4 C 音楽教育のレッスンにおける音楽のリズムと自然な動き』の「2. 歩行」に重複している。

両冊子の「歩行」は関連しており、No. 4 には「指導者は即興で生き生きとした音楽を作る方法を知っている必要がある。この分野が苦手な指導者のために音楽のモチーフを作曲し（Carnets No. 9、No. 10）、さらに No. 4C を書いた。」とウィレムス自身が役割を述べている。加えて No. 4 では、「音価を意識するために行うソルフェージュの訓練では脳の力を借りなくてはならず、理性以前のリズムの本能を犠牲にしていることがある」とも指摘している。

No. 4C では、ピアノのみならずタンブリンやウッドブロック、2 本の木の棒などの打楽器で作るテンポに合わせて学習者に歩いてもらうことができることを述べている。また、一人の学習者に思うままに歩いてもらい、指導者がそれに合わせて即興演奏し、必要に応じてテンポを変化させることが提案されている。さらに、No. 4C の目次に含まれる「3. 指導者のために」は「2. 歩行」に連なる指導者向けの内容であり、指導者も子どもと同じように生理的で自発的な行動ができなくてはならないが意識的かつ省察的に行動する必要もあることや、指導者自身は重心移動の法則と反対運動の法則を意識する必要があるがそれを子どもには要求すべきではないことなどについて言及されている。

7. 考察

本稿では、ウィレムスが指導者向けに書き遺した全 17 冊の指南書 Carnets pédagogiques（教育の覚え書き帳）の中からリズムと身体の動きの要素を取り扱う No. 4、No. 4B、No. 4C の 3 冊の記述内容を整理するとともに各冊子の役割について明確化することを試みた。

各冊子の役割について、以下のようにまとめる。まず、『No. 4 リズムとメトリックの訓練』は、リズムと身体の動きの基本的かつ総合的な事柄が述べられた冊子である。次に、『No. 4B リズム打ちとリズム的な本能』は手拍子を中心とする上半身の動きに焦点を当てた実践的な言及が多く含まれる冊子である。最後に、『No.4C 音楽教育のレッスンにおける音楽のリズムと自然な動き』は前半に歩行をはじめとした身体の動きに関する内容が述べられ、後半はウィレムスの教育思想が述べられて No.4 から No. 4C までの 3 冊の総括のように構成された冊子である。

本稿「6. 複数の冊子に重複している実践内容」でも示しているように、今回対象とした冊子の内容には重複するものも含まれており、それぞれに相互補完的な内容となっている。また、学習者が無理なく音楽的な諸要素を習得するための段階がスモールステップで構築されており、そのために指導者には綿密な要求がなされていることも示された。

今後、国内でウィレムスの教育実践を導入する際にも、レッスン内容の全てが子どもにとって簡単であるべきだという点や、そのために指導自身がそれぞれの訓練の難易度を正しく理解する必要があるといったウィレムスの指導者に対する要求内容と乖離せず実現できるよう整えていきたい。

注

1) マランはジュネーヴ音楽院で教員を務め、ルネサンス期の合唱作品の指導にあたった人物である。また、現在も活動が継続している合唱団 "Le Motet de Genève（モテット・ドゥ・ジュネーヴ）" の創始者でもあった。https://www.motet.ch/（2023 年 9 月 25 日閲覧）
2) 一例として、若林一惠「エドガー・ウィレムスの音楽教育の意義：その思想および実践の考察を通して」東京藝術大学大学院音楽研究科博士論文、2016 年、など。
3) Edgar Willems. *Le rythme musicale: étude psychologique.* Press Universitaire de France, 1954, p. 246.
4) Edgar Willems. *L'oreille musicale, Tome I – La preparation de l'enfant.* Editions Pro Musica, 1940, pp. 5-7.
5) 若林一惠「エドガー・ウィレムスの音楽教育の意義：その思想および実践の考察を通して」東京藝術大学大学院音楽研究科博士論文、2016 年、p. 62 より引用の上、筆者自身によって背景の塗りつぶしを行ったもの。
6) Edgar Willems. *Carnets pédagogiques, No.0 Initiation musicale des enfants.* Editions Pro Musica, 1956, pp.6-9. の記載内容をもとに筆者が再編し作成したもの。

参考文献

Edgar Willems. *L'oreille musicale, Tome I – La preparation de l'enfant.* Editions Pro Musica, 1940.

Edgar Willems. *L'oreille musicale, Tome II - La culture auditive les intervalles et les accords.* Editions Pro musica, 1946.

Edgar Willems. *Le rythme musicale: étude psychologique.* Press Universitaire de France, 1954.

Edgar Willems. *Carnets pédagogiques, No.0 Initiation musicale des enfants.* Editions Pro Musica, 1956.

Edgar Willems. *Carnets pédagogiques, No.4 Les exercices de rythme et de métrique.* Editions Pro Musica, 1956.

Edgar Willems. *Carnets pédagogiques, No.4B Les frappés et l'instinct rythmique.* Editions Pro Musica, 1956.

Edgar Willems. *Carnets pédagogiques, No.4C Le rythme musical et le mouvement naturel dans les cours d'éducation musicale.* Editions Pro Musica, 1956.

若林一惠「エドガー・ウィレムスの音楽教育の意義：その思想および実践の考察を通して」東京藝術大学大学院音楽研究科博士論文、2016 年。

若林一惠『未来の音を聴く :「音楽的な耳」を育てるウィレムスの教育』はるかぜ書房、2018 年。

編　集　後　記

　ここに、『日本ダルクローズ音楽教育学会創立 50 周年記念　リトミック研究論集』を刊行する。冒頭のあいさつ文において既に山下会長や福嶋副会長が述べている通り、日本ダルクローズ音楽教育学会では、創立 30 周年、35 周年、40 周年と節目の年に記念誌を刊行しており、今回が 4 回目となる。特に今回は、創立 50 周年ということで、半世紀この学会が続いてきていることを記念してのものであり、その刊行は、きわめて意義深いと言えよう。

　大学教員も含め、教育現場での仕事は年々忙しくなり、厳しさも増している。日々の仕事に追われて研究もままならないという状況に陥っている先生方も、少なからずいるであろう。そうした教育現場での忙しさもあってか、当初予定していた 2023 年 4 月の投稿申し込みの〆切時に思うような申込本数が得られず、投稿申し込みと原稿の〆切を 4 か月延長させていただいた。そのこともあり、今回は、これまで以上にきわめてタイトなスケジュールでの投稿論文の査読、そして修正期間となった。日々の忙しさと短期間で査読をしなければならないという状況もあってか、今回は、査読をしてくださる先生を探すのにも苦労した。また、修正期間が短かったことと再査読の時間が取れなかったこともあり、本論集にせっかく投稿してくださった方のなかにも、査読後の修正が間に合わずに断念される方もいて、これまでの記念誌に比べると本数は少なくなっている。しかし、そうしたきわめて多忙な日常の中でも、この 50 周年記念誌の編集委員を引き受けてくださった先生方、ならびに査読を引き受けてくださった会員の皆様には、心より感謝申し上げたい。特に編集委員の先生方は、数週間での複数の論文の査読、一両日程度しか時間が取れない中での修正原稿の最終確認という、かなりの無理をお願いしたが、皆さん、こちらを優先して取り組んでくださった。そして何よりも、論文がなければ成り立たないこの論集のために、お忙しいなかで日々の貴重な研究成果をまとめ、論文を投稿してくださった執筆者の皆様に厚く御礼を申し上げたい。そうした編集委員、査読者の方々のご協力、執筆者の皆様の努力のおかげで、何とか 50 周年という記念の年度内に本論集の刊行ができたことに心より安堵している。

　本論集は、50 周年という記念の年度内に刊行することに意義があったと考える。研究成果は、必ず教育に還元される。本論集の刊行がこれまでの半世紀の我が国のリトミック研究の集大成となると同時に、今後の半世紀のリトミック研究に向けての新たな指針となることを期待したい。

2023 年 12 月 10 日

日本ダルクローズ音楽教育学会創立 50 周年記念誌編集委員会

委員長　関　口　博　子

日本ダルクローズ音楽教育学会
創立 50 周年記念誌編集委員会　委員（五十音順）
　　入　江　眞　理
　　佐　藤　邦　子
　　関　口　博　子（委員長）
　　髙　倉　弘　光
　　細　川　匡　美
　　若　林　一　惠

日本ダルクローズ音楽教育学会創立 50 周年記念誌

リトミック研究論集

発行日　2024 年 3 月 31 日第 1 刷発行 ©

編集者　日本ダルクローズ音楽教育学会
発行者　日本ダルクローズ音楽教育学会　　代表　山下薫子
　　　　https://www.eurhythmics.info

発行所　開成出版株式会社
　　　　〒130-0021　東京都墨田区緑 4-22-11 北村ビル 5B
　　　　　　　TEL 03-6240-2806　FAX 03-6240-2807

ISBN978-4-87603-554-0 C3073